脱トップダウン思考

スポーツから読み解く
チームワークの本質

福富信也

はじめに　―スポーツのすばらしさと未来へ込める思い―

我が国は２０１８年、平昌冬季オリンピックのメダルラッシュやサッカーワールドカップ日本代表のベスト16進出、野球ではメジャーリーグに移籍した大谷翔平選手が二刀流の活躍で新人王獲得、テニスでは大坂なおみ選手の全米オープン制覇などなど、華々しいスポーツニュースがたくさんありました。日本中を感動させてくれたあの場面が脳裏に焼き付いている人も多いのではないでしょうか？

しかしその一方で、アメフト、ボクシング、レスリング、体操、相撲などの不祥事が相次いだ年でもありました。相次いだ、というよりは表面化した数が多かった年、と言う方が正しいかもしれません。なぜ、あのような残念な事件が起こってしまうのか、どうしたら防げるのか、どうしたらもっと個人の力を発揮できるのか、どうしたらチームの力を最大化できるのか、本書の執筆はこれらの問いを出発点としています。

スポーツと体育という言葉には違いがあります。

多少私の解釈も入っていますが、体育は国語や算数と同様の学校での教科（科目）名であり教育領域の言葉、一方のスポーツは文化領域の言葉だと思っています。文化領域にはスポーツ以外にも、芸術や文学なども含まれています。身近なところでは、映画や音楽などがそれに当たります。文化領域に属するモノは、生きていく上で欠かせないモノではないけれど、それがあると人生がより豊かで充実するモノの集まりであり、クリエイティブかつアーティスティックな精神的・身体的・知的探求活動の総称ではないでしょうか？

豊さや充実を求めて「自ら進んでやる」スポーツと学校教育の体育とが、長い間混同されてきたように感じます。しかし、今ではスポーツに内在する社会的価値も注目されてきています。スポーツには人々を幸せにする力がある、スポーツには社会課題さえも解決していくヒントがある、と私は確信しています。

本書は、チームワークづくりを専門としてきた私の視点から華やかなアスリートの裏舞台を詳らかにし、生身の人間が泥臭くストーリーを紡ぎ出している姿を知ってもらうことが1つの狙いです。

「才能に恵まれたごく一部の選ばれし人たちが活躍する世界」

「感動はするけど、生きている世界が違う」と思ってほしくはないのです。トップアスリートのすべてが参考になるとは言い切れませんが、全くの別世界でもありません。私たち一般人と同様に人間同士の感情のもつれ、軋轢《あつれき》、葛藤は常に存在しています。しかし、彼らはそれを乗り越えている点がすごいのです。

では、いったいどのようにして乗り越えたのか、本書ではそれを実例と解説で紹介していきます。なぜ、メソッド（方法論）ではなく実例なのか、そこが本書のコンセプトです。

本書は「スポーツに〝絶対解〟は存在しない」という価値観で書き上げました。

つまり、「こうすれば勝てる」という唯一絶対の解は存在しないというスタンスです。だからこそ「脱 トップダウン思考」で成功した様々な実例を取り上げることにしたのです。取り入れやすいシンプルなメソッドの方がウケがよいことは十分承知ですが、敢えて実例にこだわりました。

「内容は理解できたけど、さて、うちのチームにはどうやって取り入れたらよいのだろうか？」という問いを指導者が持ち続け、スポーツ本来のあるべき姿（＝クリエイティブかつアーティスティックな精神的・身体的・知的探求活動）につながっていってほしいという願いがあるからです。

目の前にいるこのメンバーで闘っているチームは世界に1つしかなく、アレンジしながら独自の方法を模索しなければならないわけです。指導者側がそれを模索する力がないと、絶対解に頼るチームづくりをしてしまうのです。

本書で扱う実例は少々古いものも含まれておりフレッシュさに欠ける、というご指摘を受けるかもしれません。しかし現役選手は手の内を明かせない事情もあります。フレッシュな話題の方がウケが良いことも十分わかっていますが、チームワークの本質に新しさは関係ない、ということもご理解いただけるものと思っています。また、サッカーの話題が多い、というご指摘も聞こえてきそうですが、読み進めていくうちに、競技を越えたチームワークの本質を感じていただけるのではないかと思っています。

さらに、本書は単なるスポーツの話に留まらず、ビジネスなどとも関連付けて解説をしている点も特徴です。それは、先述のとおり、スポーツには社会課題の解決にも役立つ側面があると思っているからです。スポーツのチームワークがビジネスにも応用できることを知れば、スポーツ指導者のスタンスも変わるでしょうし、アスリートのセカンドキャリアとの接続もよりスムーズになるはずです。

一方通行のトップダウン思考がスポーツの様々な不祥事を起こしてきたことは明白です。今こそ、「脱 トップダウン思考」で個々の力を引き出す時代です。ですから、スポーツ指導に当たる監督・コーチはもちろんのこと、高校生や大学生アスリートにも本書を手に取ってもらい、競技生活を通じて社会に出ていく準備も進めてほしいと思っています。また、企業の人事担当の方々にもお読みいただき、スポーツ経験者の強みを引き出していただければ、なお嬉しいです。素晴らしいアスリートは、徹底した自己理解で強み弱みを認識し、それに伴う役割分担と高度な協力関係によってシナジーを生み出し、最終的に自己実現を果たしていく逞《たくま》しさを身に付けています。

近年のビジネス界では、不確実で、変化が激しく、〝正解の存在しない時代〟に突入した、としきりに叫ばれています。また、文部科学省諮問機関である中央教育審議会の「2040年に向けた高等教育のグランドデザイン（答申）」（平成30年11月26日　http://www.mext.go.jp/b_menu/shingi/chukyo/chukyo0/toushin/1411360.htm）でも、「予測不可能な時代」

「学修者本意」「多様」「強み」というワードが登場しています。つまり、世の中は1人のリーダーに依存する時代に限界を感じているのです。しかし、スポーツにとってそれは新しいことではありません。サッカー、ラグビー、バスケットボールのようにこちらがやろうとすることを相手が壊しにくる競技もあります。入念に準備をしたとしても、スキージャンプのように突然の風向きの変化が不利に働くこともあります。スポーツは常に予測不可能で正解なき闘いの連続なのです。だからこそ、スポーツには現代の社会課題を解決するヒントがあると私は確信しているのです。そんな時代だからこそ「脱トップダウン」で成功したアスリートたちへの期待がますます膨らむことでしょう。単なる体育会系が就職で有利な時代は終わりました。気合、根性、理不尽に耐えられる、そんなことは売りにならず、新しい価値を生み出し、チームの中でも自分らしさを出せる「人財」が求められています。

競技生活を通して、その後のキャリアで役立つ力を身に付けてほしいと願う指導者と、自己実現で高みを目指す学生アスリートの皆さんの一助となれば幸いです。

2019年1月

福富信也

目次

第1章 〝心の安全〟と〝チャレンジを歓迎する風土〟

第2章 個人のマインド・成長

第3章 チーム方針と多様性

第4章　背後のチームワーク

第5章　過去を生かす

本書に登場する方々の所属は、2019年1月現在のものです。

序　章

Prologue

Solutions 01

不祥事はなぜ起こってしまうのか？

スポーツに関わる不祥事をなくし、スポーツが健全な社会づくりに貢献していくためには、「不祥事とは何なのか?」「それがどのような仕組みで起こるのか?」を理解しておく必要があります。スポーツにおける不祥事にも様々なものがあります。辞書的な意味では「好ましくない事柄・事件」とありますが、指導者であれば選手への暴力行為、選手であれば禁止薬物使用によるドーピングなどが考えられます。

私が過去に受けた研修では、スポーツの不祥事を次のように説明していました。

不祥事とは、

・「スポーツやアスリートの健全性・高潔性が損なわれる行為」である

←

・健全性・高潔性とは、「安全・公平・公正」のことである

←

・「安全・公平・公正」が損なわれる行為＝「危険・不公平・不正（違法）」な行為である

それを受けて私なりに解釈すると、アメフトタックル問題は「危険」、レスリングパワハラ問題で特定の選手が練習環境を奪われるのは「不公平」、禁止薬物の使用や賭博問題などは「不正」に該当するという見方ができると思います。

※公平は2つ以上の比較対象が必要ですが、公正は個々の正しさや道義を指します。

■不正のトライアングル理論

いったい、なぜ不祥事は起こるのでしょうか？　不祥事には、偶然の事故もあれば意図的に行われるものもあります。ここでは後者の意図的に行われる不祥事について、**トライアングル理論**をもとに考えてみたいと思います。

この理論では、次の３つの条件がそろったときに問題が起こりやすくなると言われています。

１つ目は**機会**（不正をできるチャンス）、２つ目は**動機・プレッシャー**（不正をする理由）、３つ目は**正当化**（体のいい言い訳）です。

例えば、「全国大会に出場しよう」という目標に向かって選手・指導者が一丸となって、日々楽しく充実した練習をしている高校の部活があったとしましょう。そして、その努力が報われてついに目標が現実となり、全国大会初出場を果たしたとします。すると地元はお祭り騒ぎ、選手・指導者ともにヒーロー扱いをされます。さらにはＯＢ会、保護者会、後援会から支援金が集まり、学校からも有形無形の支援を受け、「来年は今年以上の戦績を！」と大きな期待をかけられてしまいます。そうすると、楽しく充実した日々の練習だったのに、周囲の過度な期待がプレッシャーとして指導者にのしかかり、練習試合でのたった1つのミスや敗戦も許容できなくなっていき、「いいから俺の指示どおりに動け！」というスタンスに変わっていくことがあります。それがエスカレートした結果、指示どおりに動けない選手に対して暴力行為を働いてしまう、そんな結末が想像できます。

これを不正のトライアングル理論に当てはめて考えてみましょう。

まずは機会です。閉鎖的な空間で指導者の暴走にストップをかける監視の目やチェック機能がなければ独裁が可能になります。2つ目の動機については、全国大会に連続出場して前回以上の成果を出さなければならないプレッシャーがこれに当たります。3つ目の正当化については、「周囲の期待に応えるためだ」「再び全国大会に出られるのなら選手のためにもなるはずだ」「きっと選手も俺の気持ちをわかってくれるはずだ」などと都合よく考え、自分を納得させることです。こうして3つの要素がそろったとき、不正・不祥事は起こりやすくなるのです。

スポーツのみならず昨今の大企業における不祥事も、仕組みとしては同じではないでしょ

うか？

例えば、会社から無理なコスト削減を要求されて手抜き工事をしたとします。監視の目やチェック機能がなく（機会）、それをすることで自分の地位が保たれ（動機）、しかも会社の要求に応えることにつながる（正当化）、となれば不正が起こる可能性がでてきます。ほかにも、遊ぶ金が欲しい（動機）、横領できる環境がある（機会）、一時的に借りただけだ（正当化）、などもこの理論に当てはまります。

01 まとめ

結果を残すアスリートがなぜ世間の尊敬を集めるのか？　それは、様々な誘惑や大きなプレッシャーにも負けない高潔さが人々の手本となるからだと思いませんか？　だからこそ、スポーツを通して身に付けた健全性・高潔性は、一般社会に出てからも大きな大きな財産になるわけです。スポーツ指導者は、過度な勝利至上主義によって不祥事を引き起こすことがあってはなりません。**「勝利以上に大切なモノがある」「アスリートである前に人である」**という教育的な視点をもつことがなにより重要です。

絶対解　最適解　納得解

本書は、スポーツには「こうすれば勝てる」「俺の言うとおりにすればうまくいく」といった、絶対解（唯一絶対の正解）は存在しないという価値観に基づいて書かれています。絶対解が存在しない代わりに、最適解、納得解というものは存在すると思っています。

いくつか選択肢がある中で、置かれた状況に最も適した解を最適解と呼びます。また、**自分たちで試行錯誤を重ね、納得度の高い解を納得解**と呼びます（いずれも本書での定義）。

サッカーを例に説明したいと思います。

もちろん、サッカーに絶対解はありません。こうすれば勝てる、そんな方法があったらだれでも知りたいはずです。

しかし、最適解は存在します。

特に、戦術、技術、コンディショニングにおいては最適解が存在します。「こういうタイプの対戦相手にはこういう戦術が有効だ」「このシーンでは、ドリブルよりもパスを選択した方が効果的だ」「試合後の疲労回復にはこれを摂取した方がいい」といった具合です。それは、科学的な根拠やデータ分析などで比較的証明されやすい性質のものです。これからの時代、データを駆使してますます最適解の精度が高まるかもしれません。

ここでいう最適解とは、**「状況に合わせたチームとしての模範解答（共通理解）」**といったニュアンスだと思ってください。「どんな方法であっても得点できればいいいんだろ」「勝てばいいんだろ」といった結果論ではなく、**より確率の高い（もしくは、自チームにフィットする）ことを選択するのが最適解**です。結果論を肯定してしまったら、何でもありの無秩序を容認することになり兼ねませんから危険です。

しかし、模範解答はあくまで模範解答でしかありません。相手との力関係や味方メンバーの特徴、天候など様々な要素で微調整が求められるのが現実です。諸条件が変わったら、模範解答をベースにしながら微調整を加えて自分たちの納得解を導き出し、迷いなくプレーする方がよいでしょう。一般的な納得解の定義は様々あると思いますが、本書では**「納得解は最適解の延長上に存在する」**という考えで進めていくこととします。

■総力でチームづくりを

たいていの場合、最適解を提示するのは指導者の役目です。指導者は、自チームのメンバーの特徴（強み弱み）をしっかり分析し、自らのフィロソフィーを軸に戦術的な整合性も図りつつ、いくつもあるであろう選択肢の中からチームにとっての最適解を示します。ただし、試合に出場するメンバーが変わったり、対戦相手のタイプが変わったりしたとき、その都度微調整を加えて納得解を導き出すのは選手の仕事です。その程度の裁量を選手に委ねなければ、模範解答のような最適解だけで勝てるほど勝負の世界は甘くないと思います。『監督に期待するな　早稲田ラグビー「フォロワーシップ」の勝利』（講談社　2008年）の著者中竹竜二氏は「日本一オーラのない監督」と言われていたようですが、早大ラグビー部を2年連続で日本一に導いたラグビー界の名将です。その中竹さんも「リーダーシップを発揮する仕事は、チームの大きな方針を伝えることと選手選考くらいで、あとは基本的に選手をうしろから支えていた」と言っています。

しかし、トップダウン思考の指導者たちは、自分が提示した最適解を超徹底させることで勝利を目指しているのです。つまり、最適解をあたかも絶対解であるかのように選手に押しつける指導です。トップダウン指導のデメリットは、リーダーが解けない問題に直面したとき、そのチームは機能不全を起こしてしまうということです。しかし、それでも選手の考えには耳を傾けずに排除し、徹底できない選手を無能（もしくは造反者）のように扱い、制裁を与えてきました。選手が指導者の示した方針を精いっぱい徹底したにもかかわらず負けてしまった場合は、より厳しく徹底させなければならないと考えたり、選手の努力不足を敗因にしたりしてきました。それが不祥事につながってきたとも考えられます。

数十年前は、サッカーのワールドカップやヨーロッパの試合をリアルタイムでテレビ観戦することはできませんでした。サッカー雑誌などを買い込み、世界トップリーグの試合結果やトピックを数週間遅れで知るのが中学時代の私の情報収集方法でした。選手が無知だったからこそ、監督が言っていることを信じる以外ない、という時代だったのです。まさにトップダウンの通用する時代だったということになります。しかし現在はどうでしょう？　だれでも世界のトップリーグを視聴できます。各専門家があらゆる知見をコラムや記事で情報発信しています。ややもすれば、私たち指導者の知らない情報を選手が持っていることだって十分にあり得ます。それなのに、指導者のやり方を絶対解であるかのように押し付けていては不満分子が増えるばかりです。選手の持っている情報もチームの大切な財産と捉え、**皆の総力でチームづくり**をした方が得なわけです。

02 まとめ

スポーツにはジレンマが付き物です。まるでトレードオフの関係のように、こちらを立てればあちらが立たず、あちらを立てればこちらが立たず……。例えばサッカーでも、攻撃に比重を置けば守備に不安が残る、その逆もまた然りです。だからこそ、指導者が示した最適解を尊重しつつも、状況に合わせて選手の力でカスタマイズさせ、不安やジレンマを解消していく必要があるのです。納得度を高め、迷いのない状態にまで高めていける選手（チーム）こそ、主体的だと評されるのではないでしょうか？　また、納得解づくりのために選手へ一定の裁量を渡すことができる指導者が求められているのではないでしょうか？　選手間のコミュニケーションの大切さはずいぶん前から叫ばれていますが、それは納得解を導き出すために必要なのです。書名で〝**脱 トップダウン**〟と謳っていますが、本書はトップダウンを完全否定するスタンスではありません。最適解を示す指導者、それを納得解にまで昇華させる選手、スポーツは両者の高度な協働関係によって成り立っているのです。**トップダウンとボトムアップを適切に使い分けながら**成長していく、そんなチームづくりを理想としています。

チームを成長させる4つの段階

突然ですが、中学時代の部活動の様子を思い出してみてください。

4月は新入部員が入り、お互いどんな人なのかもわからず、最初はあまり目立ち過ぎないように少し控えめに振る舞いませんでしたか？　顧問の先生が新しくなれば、怖いのか優しいのか、どんな方針なのかもわからず、だれもが猫をかぶって様子をうかがう時期といえます。したがって4月のチーム内は比較的平和な日々が続きます。競技面でも、まずは指導者から指示されたやり方を忠実に実行するため、緩やかにパフォーマンスは上がっていきます。しかし、5月、6月と時が進むにつれて、いつまでも本音を隠していられるわけもなく、徐々に選手たちの本性があらわになってきます。指導者の指示どおりにやってもうまくいかないことが起こり、不満や対立に発展することも出てくる時期です。

以前、島根県で中学校の先生方を対象とした研修会をしたとき、とある参加者の先生がこんなことをおっしゃっていました。

「そんなとき、私は『4月を思い出せ。みんな我慢し合って平和だっただろ！　だんだんと皆がわがままを言うようになってしまって残念だ』と言って生徒たちを叱ってしまいましたが、それは間違いだったのですね」

■チーム成長の4つのステージ

さて、この先生の対応はいったいどこが間違いだったのでしょうか？

一緒に確認していきましょう。

1965年に心理学者のタックマンによって提唱されたタックマンモデルでは、チームは段階を追いながら成長・発展していくとされ、チームの形成から機能するまでを〝4つのステージ〟で説明しています。図1は、タックマンモデルやチームパフォーマンスカーブ等の考え方を基に私の解釈を交えて作成したものです。

また図2は、チームの成熟度に合わせて指導者のアプローチに幅をもたせていくことをSL理論等を参考に説明したものです。いつまでもトップダウンの指示・命令ではいけませんし、最初から委任（放任）でもいけません。

Team Performance CurveとGroup Dynamics

チームパフォーマンスカーブとグループの発達段階を重ね合わせてみると、それぞれがシンクロすることがわかる

Adapted from the new Introduction to The Wisdom of Team by Jon R.Katzenbach and Douglas K.Smith 他を基に門田・福富が作成

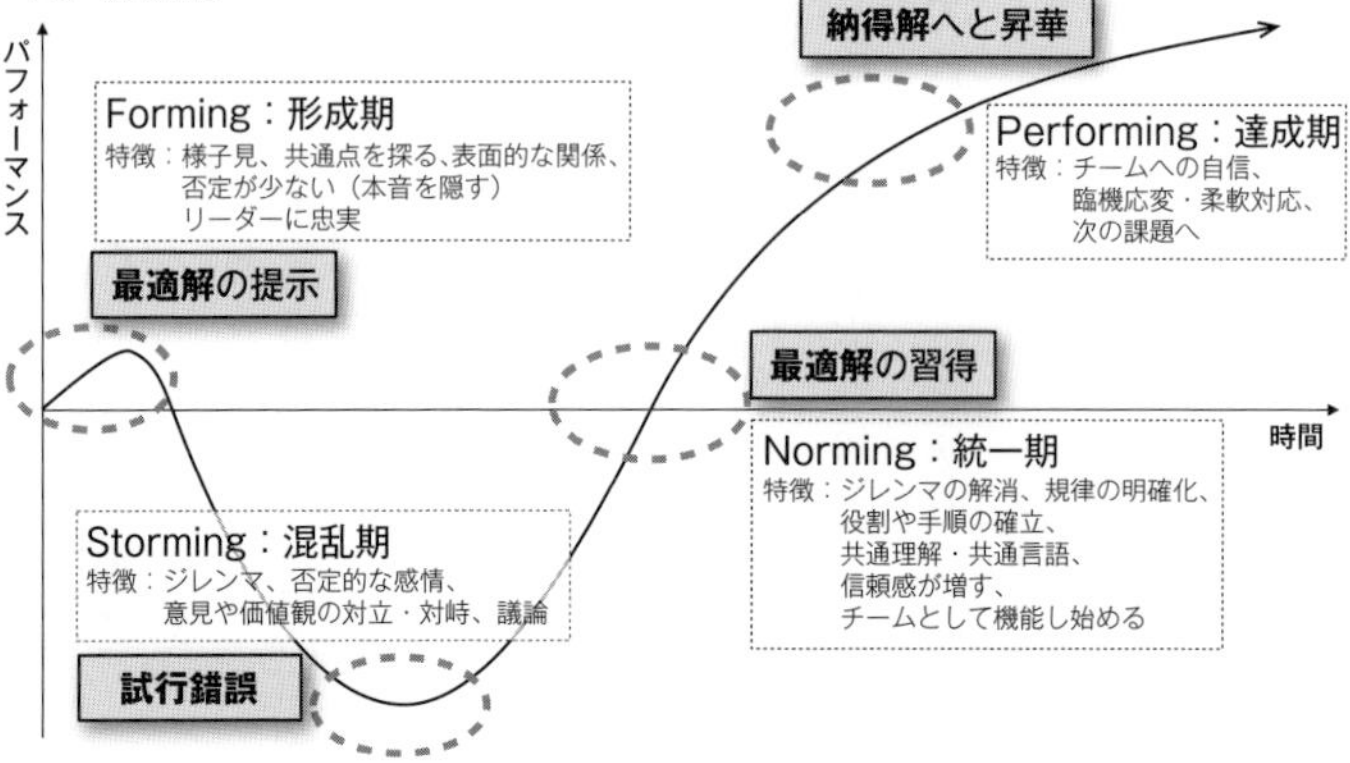

図1

リーダー（指導者）の関わり方には幅が必要

チームの成長やリーダーシップに関する考え方（チームパフォーマンスカーブ、タックマンモデル、SL理論等）を統合すると、リーダー（指導者）のアプローチには幅が必要であると言える

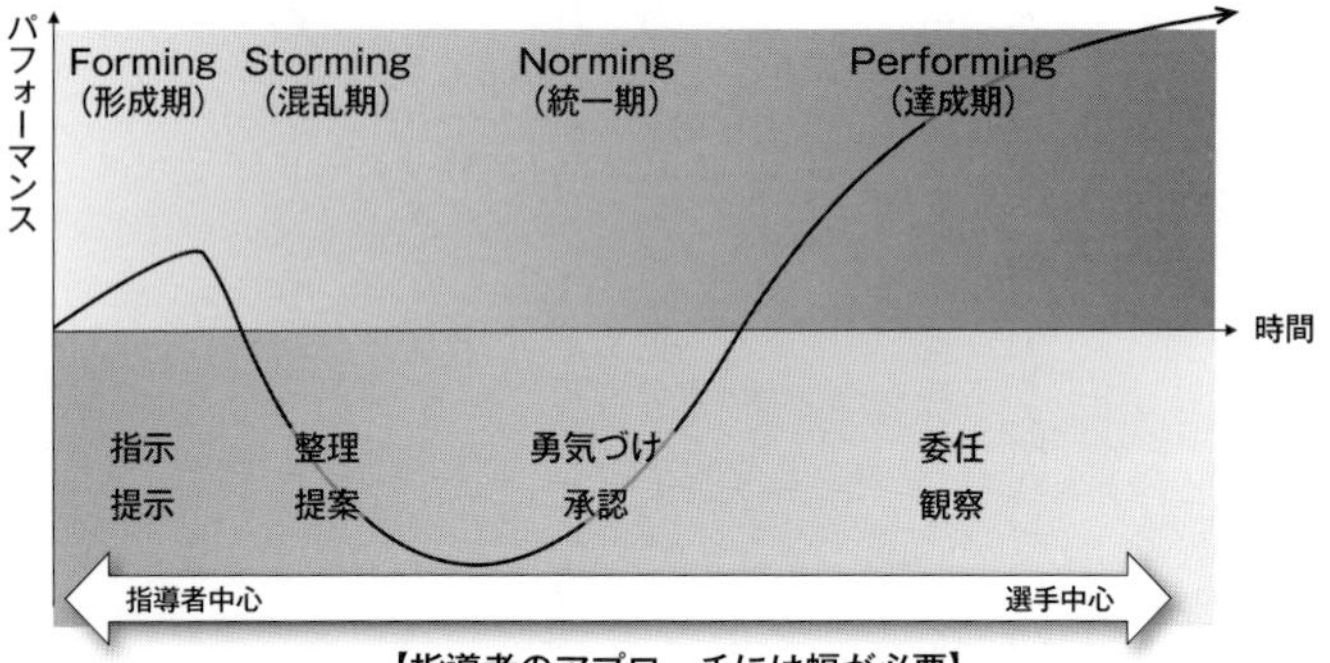

【指導者のアプローチには幅が必要】

リーダー（指導者）は、コンセプトや軸を変えるのではなくチーム状況によって、アプローチを変化させていく必要がある。

*Adapted from the new Introduction to The Wisdom of Team by Jon R.Katzenbach and Douglas K.Smith*他を基に門田・福富が作成

図2

第1段階：フォーミング（forming）

チームが形成されたばかり、メンバー同士も他人行儀で**様子をうかがい合う段階**です。これを**「フォーミング（形成期）」**といいます。新年度のようにいつまでも本音を言えずにいるチームのことを私は「4月体質」、そのような状態のことを**「偽りの平和」**と呼んだりしています。

フォーミングの特徴としては、何を期待されているかを探る、指示どおりに動く、口数が多い人が形式的なリーダーになる、などが挙げられます。指導者の指示をあたかも絶対解であるかのように忠実に実行する傾向もあります。したがってこの段階でのチームパフォーマンスは緩やかに上向いていきます。

この段階で指導者が押さえておいた方がいいポイントは2つあります。

1つ目は、**チーム方針や闘い方のコンセプトなどを明確に提示すること（最適解の提示）**、ここはトップダウンでもよいと考えています。方針がなければ議論にさえならないため、議論の土台を用意する意味でも、まずは指導者が方針を示してあげる必要があるでしょう。

2つ目は、その方針・コンセプトの範囲内で多様な意見を歓迎するチーム風土をつくる必要があります。メンバーの多様な考えを尊重・歓迎する＝**「心の安全」**をチーム全体に徹底させる重要な時期です。

第2段階：ストーミング（storming）

お互いに慣れてきたことで個性やクセ、目標に対する意識のズレ、プロセスや価値観の衝突などが表面化し始め、メンバーがぶつかり合う段階です。これを**「ストーミング（混乱期）」**と呼びます。

ストーミングでは、チームが一体感を失いやすく、混乱状態のためパフォーマンスは下がることもあります。先ほどの事例でご紹介した5月、6月に起こり始めるチーム内のケンカやもめごとは、まさにストーミングと言えるでしょう。

フォーミングでは、何を期待されているかを探り、指示どおり忠実に動こうとしましたが、この時期になると（自分の特徴とチーム方針がマッチしないなど）うまくいかないことも出てきて、ジレンマを抱えるメンバーが出始めます。しかし、それは当然のことです。一人ひとりにはクセや好みがあり、それぞれの競技生活の中で染み付いたやり方もあるのに、指導者の示す新しい方針に簡単に合わせられるわけがないからです。そのジレンマや違和感を皆がオープンにし、それぞれの思いや考え、不安や迷いなどを開示しながら、**メンバー間で試行錯誤を繰り返します**。なかなか手ごたえが得られないこの時期を不安に感じ、ストーミング回避を選択する指導者がほとんどですが、実はこれを乗り越えないと一皮むけることはできないのです。この段階では、対立や混乱を整理したり、提案をしたりするなど、指導者による適切な介入が必要な場合もあります。

※「自分の提示した方針が選手たちに受け入れられていないのではないか」と不安になった指導者は、極端なトップダウンで威圧的に振る舞い、雑音をシャットアウトさせることで混乱を鎮めようとするケースがあります。また、指導者としての勉強不足があると、選手たちに戦術的な破綻を見抜かれてしまうという不安から、「とにかく俺の言うとおりにやれ！」と圧力を強めるトップダウン型の指導者がいます。そうすると、結果的にメンバーが黙り込み、「偽りの平和」でフォーミングに逆戻りします。

第3段階：ノーミング（norming）

その混乱を正しく乗り越え、徐々にチームとしてのやり方が確立する時期を、**「ノーミング（統一期）」**といいます。個々バラバラだった価値観が統一され始めます。試行錯誤や議論に時間をかけて苦しんだ分だけ、そのやり方はみんなに受け入れられやすくなります。この段階では、チームとしての**共通理解**にたどり着いたことを意味し、**共通言語**なども増え、チームに活気が出てきます。

第4段階：パフォーミング（performing）

お互いの特徴も知り尽くし、チームとしてのやり方に磨きをかけ、完成度を高めていく時期が**「パフォーミング（達成期）」**です。ノーミングで共通理解は得たものの、あくまで模範解答程度に過ぎません。あらゆる状況に対応できるように応用・発展させていくのがこの段階です。例えば、対戦相手のタイプ、天候などの諸条件が変わったら微調整するなど、模範解答を**自由自在にカスタマイズ**できるレベルと言えます。

ご紹介したタックマンモデルですが、必ずしもすべてのチームがこの成長曲線をたどれるとは限りません。大きな成果を出すチームに発展するためには、ストーミングを正しく乗り越えることがポイントです。

ほとんどのチームは、せっかく問題が表面化してストーミングが訪れても、もめごとや食い違いから目を背け、様子をうかがい合い、何もなかったようにシレっと「偽りの平和」を振る舞います。

■ストーミングをおそれない

先ほどご紹介した学校の先生の例は、生徒たちの衝突・対立を穏便に回避するように先生が指示しました。すなわちフォーミングに戻そうとしたのです。結果的に表面上の平和は取り戻せますが、永遠にノーミングやパフォーミングに進めません。先生の対応のどこが間違いだったのかと言えば、**「ストーミングを回避したことでせっかくの成長機会を逃した」**点に尽きます。こんなときこそ、前向きで建設的な伝え方を心掛け、仲間の意見にも耳を傾けてみんなで試行錯誤する態度が必要です。そうでなければ、一時的に問題を先送りしたに過ぎず、いつかまた同じ問題が再燃します。そのころには、時間の経過とともに事態はより深刻化していて、手が付けられない末期症状に陥っていることでしょう。

とはいえ、メンバー全員が問題と真摯に向き合い、様々な意見衝突を繰り返すストーミングは、とても勇気が必要なステージです。「このままチームは崩壊してしまうのではないか」「指導者である自分に批判が向けられるのではないか」と不安になるからです。そのため、多くのリーダーはストーミングが起こることをおそれ、自らが火消しに回ったり、問題を水面下へ押しやったりしてしまいますが、それはせっかく訪れたチームの成長機会を手放し、再び4月のような「偽りの平和」に戻そうとしているわけです。

よくありそうなシーンを挙げてみます。大きな大会に向けてチームはどんな戦い方を採用するのが有効か、いくつかの意見が出たとします。偽りの平和を重視するメンバーなら、「変に衝突して後味が悪くなるのも嫌だから、俺たちが引き下がろう」という考えになります。表面的には衝突がありませんが、納得していない戦い方では心から頑張ろうとも思えず、結果的にチームとしてのパフォーマンスは上がってきません。

■約束＝リスペクトの関係で結ばれていること

繰り返しになりますが、フォーミングの時期に指導者主導でメンバー間の**「心の安全」**に関する約束を取り付けることが重要です。「心の安全」とは、多様性を認め合い、意見の食い違いに対して批判・攻撃・文句・陰口から入らないこと、自分と異なる意見に興味をもち歓迎するマインドを指します。そして、自分とは異なる意見からも学ぼうとする態度をもつことです。言い換えれば、メンバー同士が**リスペクトの関係**で結ばれることです。そうすることで、全員が安心して自分の考えをぶつけることができ、その対立・衝突がチームを前進させる原動力になっていきます（詳しくは第1章をお読みください）。

03 まとめ▼▼▼

日本人の特徴と言い切ってしまうのはどうかと思いますが、どうしても問題の本質を曖昧にし、発言を控え、見て見ぬふりをする、「偽りの平和」が浸透しています。なので、ずっとフォーミングで居続けるチームが多いと言えます。ごく少数ではありますが、チームの問題をあぶり出して積極的な議論を好むストーミング気質の人がいるのも事実ですが、大多数の人は「まあまあ、そんなこと言わないで」「波風立たせずに穏便にやりましょう」という雰囲気を出し、フォーミングに逆戻りすることになるのです。

指導者は時に問題を掘り起こし、メンバーに問題を直視させ、それぞれの考えに隔たりがあることを認識させる役割を担わなければなりません。そして、食い違いをおそれずに前向きなディスカッションを引き出させることも欠かせません。いわゆるファシリテーターのような役割です。メンバーが目標に対して前向きな気持ちを抱き、お互いに「心の安全」が担保されていれば、必ずや共通理解や納得解にたどり着き、**「このメンバーで成功させたい」**というステージへと向かうはずです。そして万が一、選手側から方針の見直しを提案されたときは、**素直に耳を傾け、話し合いに応じる謙虚さ**も指導者には必要だと思います。

ストーミングを乗り越えたチームだけが得られるもの

２０１０年南アフリカワールドカップに臨んだサッカー日本代表は、その直前（２０１０年２月）の東アジアカップで苦しい闘いが続いていました。私もスタジアムにいましたので、その闘いぶりは今でもハッキリ記憶に残っています。

世論もワールドカップ本番を不安視するようになりました。そんな中、６月のワールドカップ本大会まで残された時間もわずかとなり、がけっぷちに追い込まれた選手たちは「スタッフ抜きの緊急選手ミーティングを開催して、本音をぶつけ合う機会を設けた」とメディアでも報じられました。

「偽りの平和」を脱し、目標に向かって本気で議論した結果、**選手全員が納得した闘い方にたどりつきました。そして本大会では、「このやり方で勝つしかない」「もう後戻りはできない」というある種の割り切り**さえ感じられました。

岡田武史監督は「本気でベスト４を目指さないか」「本気でベスト４を目指す人と俺はサッカーをしたい」と言い続け、志の高い集団を築き上げてきたため、間違いなく目標は全員が一致していたはずです。だからこそ、本番直前に「闘い方＝プロセス」まで一致したことで、大きくチームが前進したのだと思います。

■ジレンマからの脱却の末に

「自分たちが主導権を握って攻撃的に闘いたい」「でもそれは理想であって、世界の強豪相手に主導権を握るなんてできるのか?」など、選手たちは様々なジレンマを抱えていたことでしょう。それが東アジアカップを通して大きく表面化しましたが、ストーミングを**回避せずに勇気を持ってジックリ膝を突き合わせた**ことで次のステージ（納得解）へと進化・発展していったのです。期せずして起こった出来事でしたが、選手の意見を尊重しながら最終決断をした岡田監督のマネジメントによって２００２年の自国開催を除いては初となる、ベスト16進出を果たしたのです。

■スポーツを通じて社会課題を解決したい

会社組織の場合、退職するまで長い付き合いになる可能性があるため、仕事の成果よりも人間関係を重視し、波風立たせない「偽りの平和」を最優先してしまう人が多いのかもしれません。しかし、これからの日本は労働人口の減少、労働時間の適正化に伴って、働く「人」も「時間」も少なくなっていくことでしょう。このままでは、今の生産性を維持・発展させていくことは困難です。それを打破する1つの有効な手段が、チームワークを高めることだと確信しています。まさに、スポーツが社会課題の解決にも寄与できる部分です。学生アスリートの皆さんにはぜひ、ストーミングを正しく乗り越えて真のチームへと成長していくプロセスを実体験してほしいと思っています。その経験を自分の言葉で語れると、就職活動やその後のビジネスシーンでも必ずや武器になるでしょう。学生スポーツに関わる指導者の皆さんも、そんな視点で指導してほしいと思います。

ここからは、辛く苦しい出口の見えないストーミングを乗り越えてチームの成長・発展につながった事例を2つご紹介します。

事例1　Jリーグ　横浜フリューゲルスの消滅

チーム数が増え続けるJリーグの歴史の中で、オリジナル10（1992年Jリーグ開幕時に名を連ねた最初の10クラブ）の1つ、横浜フリューゲルスというチームが1998年に消滅してしまいました。

サッカーを越えた人間的な結びつき

1998年10月29日、シーズン途中の選手たちは、メディアを通して突然「チームの消滅」を知らされたのでした。

消滅報道後は破竹の9連勝（リーグ戦4試合、天皇杯5試合）を飾り、チーム一丸となって天皇杯を優勝で締めくくることができました。天皇杯はシーズン最後の大会（トーナメント方式）であり、負けた時点でシーズン終了、つまりそれはチーム消滅を意味していました。さぞかし複雑な心境だったことでしょう。

報道では「追い込まれて力が出た」といった解釈もあり、その背景にあった要因が何なのかは明らかにされないまま終わっているように感じます。しかし、そこに深い深いストーミングを越えた事実が見えてきました。

消滅報道の翌日、サポーターはJリーグに嘆願書を提出したり、朝方まで会社と話し合いをしたりするなど、すぐさまアクションを起こしました。選手たちも、横浜駅前で署名活動を始めるなど、自分たちのできることから行動しました。署名活動では、「頑張ってくださ い」「応援しています」という聞きなれた言葉にも重みを感じ、勇気づけられたに違いありません。

チームを存続させるために、監督・コーチングスタッフ・主力選手だけでなく、控えの若手選手たちも最後まで可能性を諦めていなかったそうです。「天皇杯で優勝すればスポンサーが見つかるかもしれない」「このチームメイトと1試合でも多く闘いたい」選手たちは真の意味で団結していたそうです。間違っても、危機的状況に立たされたから「火事場の馬鹿力を発揮した」というわけではありません。

大前提として、日ごろからの素晴らしい仲間意識がなければ、「このチームメイトと1試合でも多く闘いたい」という気持ちにはならなかったと思いませんか？　つまり、サッカーチームでありながら、**サッカーを越えた人間的な結びつき**があったと考えられます。

■「チーム優先」の精神

日々、選手とスタッフが素晴らしい哲学のもとでチーム愛を育み、チームとして成熟していたからこそ、危機的状況でも力を発揮したわけです。考えてみてください。チームが消滅するとなれば、普通なら選手たちは来シーズンの移籍先探しを優先し、むしろチームとしての一体感は損なわれるはずです。自分本位の選手たちが優勝など絶対に成し得なかったと思いませんか？

ここからは、当時キャプテンだった山口素弘氏の著書『横浜フリューゲルス消滅の軌跡』（日本文芸社　1999年）に書かれている内容と、当時の選手たちに私が直接うかがった話をまとめていきます。

選手たちはほぼ2か月、睡眠時間を削って様々な議論を繰り返したそうです。投げやりになる選手、不安になる選手、希望を持とうとする選手、怒りを露わにする選手、立場や感情を越えてチーム存続の可能性を本気で議論し、ストーミングを越えたわけです。だれ一人として他人事とは思わず、**「真の当事者」**としてチームに関わることが、**「一体感」**という得体の知れないものの正体のように感じます。

「残り試合は出場機会の少ない若手選手に出番をあげて、移籍先探しを少しでも優位に進められるようにしてあげよう」という主力メンバーからの提案もあったそうですが、若手選手からは「僕たちは出られなくてもいいからベストメンバーで優勝してほしい」という意見が出るなど、最後まで**「チーム優先」**の精神が貫かれました。

心理的にも身体的にも極限に追い込まれた中で、当事者意識を持ってミーティングに臨み、意見をぶつけ合いながらストーミングを越えていくこと、そして一番立場の弱い若手選手がチーム優先を望んだこと、これらのプロセスすべてが、ピッチに立つ選手の覚悟を大きくさせたのではないかと思います。

■全員が当事者

「この素晴らしいメンバーと1日でも長く過ごしたい」という思い、それはすなわち最後の天皇杯で決勝まで進むことを意味していました。**チーム全員が明確に1つの目標に向かう**

こと、これは本当に大きな原動力になります。期せずして起こった辛く苦しい事件がきっかけになったことは事実でしょうが、最後に強調しておきたいことが1つあります。

話をうかがったすべての関係者たちが皆、口をそろえて言っていたことは、「勝ち続けてはいたが、本当に殺伐としていた」「本当に重苦しい雰囲気だった」「闘う意味も見いだせず、練習中に味方同士を削り合うこともあった」「あのときの雰囲気は言葉には表せない」など、毎日が苦しかったということでした。

大きな問題が起きたから一体感が出たというわけではなく、**深い深いどん底のストーミングを全員が当事者**として乗り越えた末の一体感だったということです。そして、そんな大きな危機に直面してもバラバラにならない、人間的な結びつきを日々大切にしてきた証でもあります。二度と起こってはいけない事例ですが、教訓もたくさん見えてきました。

事例2　東日本大震災で被災したJリーグ　ベガルタ仙台

2011年3月11日14時46分、東北地方を中心とした東日本に大震災が襲いかかりました。宮城県仙台市を拠点とするサッカーＪ１のベガルタ仙台は、被災した２０１１シーズン、クラブ史上最高位の４位と大躍進を果たしました。翌２０１２シーズンは、優勝にあと一歩の２位となり、アジアチャンピオンズリーグの出場権を獲得するに至りました。

当時のベガルタ仙台は長い間Ｊ２での戦いを強いられていたクラブで、Ｊ１昇格を果たした２０１０シーズンは残留が精いっぱいの成績でした。そんな苦しいチーム事情に、未曾有の大震災が襲いかかり、練習場、クラブハウス、スタジアムも被害を受け、得点源と目されていた新加入外国人選手は退団してしまいました。

ダメージしかなかったはずのチームは、いったいどのようにしてこの危機的状況を乗り越え、クラブ史上最高位へと突き進んだのでしょうか？

■人間的成長を優先したリーダーの決断

サッカー選手である前に、皆一人の人間です。震災によって人としてのメンタリティがボロボロになっているとき「プロなんだからサッカー以外のことを考えるな」と言っても無理な話です。自分自身や家族の安全が担保されていない状況では、何も手につくはずがありません。手倉森誠監督（当時・現J2V・ファーレン長崎監督）はこのとき、「本当に辛かったら帰してやるから」と声をかけ、**人としてのメンタリティ**を優先させました。その安心感は大きかったと思います。

一方で、相反するような選択もしました。震災後、関東などから練習場を提供するという申し出があったなか、地元仙台に残るという決断をしたのです。精神面を早く回復させたければ、悲惨な現場を見ない、見せないという選択もできたはずですが、監督はあえて選手とともに現場に向かい、ボランティアをすることを選びました。これまで地元（サポーターやスポンサー企業）に支えられてきた立場として、辛いことから目を背けず、ダメージを負った地元を胸に刻むことが地域愛や人間的な成長につながると考えたのです。サッカー監督でありながら教育者のような価値観を持ち、**「人としての成長があってこそチームの成長がある」**と確信しているリーダーの選択だったと言えるでしょう。

■当たり前への感謝とサッカーに対する前向きな気持ち

震災後しばらくは頭の整理がつかず、「全くサッカーに向き合えなかった」と選手たちは語っていました。Jリーグ再開が4月23日と決定してからは、気持ちが整わなくても東北を離れて関東でのキャンプが続きました。「地元がこんなときにサッカーなんてやっていていいのか」「自分たちだけ安全な場所にいていいのか」など、サッカーをしていることそのものに抵抗感もあったと選手たちは口にしていました。

しかし、「自分たちにできることはサッカーしかない」「サッカーで東北を勇気づけることしかできない」という考えにたどり着き、「サッカーができていたことが幸せだった」「毎日カーペットのようにきれいな緑色の芝生の上でサッカーできていたことは当たり前じゃない」「スタンドを埋めてくれるサポーターの皆さんの存在は大きな感謝だと気付いた」などと語り、迷いを払拭してサッカーに向き合う気持ちを徐々に取り戻していきました。選手たちは辛く、深く、長いストーミングから抜け出し、**当たり前への感謝とサッカーに対する前**

向きな気持ちが生まれたのです。それこそが、満身創痍のなかで闘い抜く原動力になったと思います。

結果的に2011シーズンのベガルタ仙台は、開幕から12戦無敗で一時は2位まで上り詰めました。J2での戦いが長かったチームとは思えない、そして震災で甚大な被害を受けているチームとは思えないほどの大躍進でした。シーズン中盤で勝利から見放される時期もありましたが、それでも全く一体感は崩れませんでした。夏場はどのチームにとっても苦しい時期ですが、それを一体感とともに乗り越えて、リーグ終盤は再び11戦無敗の快進撃を果たし、4位というクラブ史上最高順位でシーズンを終えました。そして翌年には2位という更なる快挙を成し遂げ、アジアチャンピオンズリーグ出場権を獲得したのです。

04 まとめ

横浜フリューゲルス、ベガルタ仙台、これら2つの事例からわかることは、苦しいストーミングを乗り越える過程でチーム全員の共通理解ができあがり、大きな原動力になったということです。ストーミングにも大小がありますが、**人間の価値観に関わるような深いストーミングを越えるほど、チームを大きく前進させるのではないか**と私は推測しています。

スポーツだけでなくビジネスにおいても、業績・成果に直結する部分ばかりに時間を割いてしまいがちですが、日常的に**「人間関係」**や**「人間的な成長」**を追求しているチームこそが、正しくストーミングを乗り越えていけるのだと思います。

これぞチームワークの真髄！4×100mリレーの銀メダル

序章の締めくくりとして、チームワークで世界を驚かせたスポーツ事例をご紹介します。
陸上競技の4×100mリレーです。日本は、2008年の北京オリンピックで男子トラック種目史上初の銅メダルを獲得しました（優勝したジャマイカ選手のドーピング違反に伴い、2018年12月に銀メダルへ繰り上げ）。さらに、記憶に新しい2016年のリオデジャネイロオリンピックでも銀メダルを獲得しました。あのときの感動は、今でも忘れられません。大変失礼な書き方になってしまいますが、なぜ日本は100m走の個人ではメダルが獲れないのに、4人集まるとメダルが獲れるのか…？　その問いに対して、「チームワークが良いから」という一言で済ませてしまっては本質に迫ることはできません。では、どうしたら良いチームワークを実現できるのか？　その点を明らかにし、他分野にも応用可能な示唆を得ることが大切です。個人では成し得ない大きなことも、チームでなら成し遂げることは可能だ！　ということを示してくれた勇気をもらえる事例です。その秘訣を一緒に読み解いていきましょう。

リオデジャネイロオリンピック準決勝、日本チームはアジア新（37秒68）という快挙で決勝進出を果たしました。このタイムはアメリカに次いで全体2位のタイムだったため、地球の裏側の日本でも「このままいけばメダルも狙えるぞ」という気運に包まれました。にもかかわらず、選手たちは決勝当日朝のミーティングで、なんと！　バトンパスの方法を微調整する決断をしたのです。結果から言ってしまうと、準決勝で叩き出したアジア新を0・08秒更新し、37秒60で見事に銀メダルを獲得したのでした。もしも、準決勝と同じタイム（37秒68）だったとしたら、カナダ（37秒64）に抜かれて銅メダルに終わっていたはずです。決勝当日朝の決断は、大英断だったことがわかります。しかし、なぜ微調整しようと思ったのでしょうか？　そこに不安はなかったのでしょうか？

ここからは、〝**チームワーク**〟という視点で**5つのポイント**にフォーカスし、銀メダル獲得のプロセスを解説します。

1　〝心の安全〟と〝チャレンジを歓迎する風土〟

「自分たちの生命線はバトンである」という共通認識があるからこそ、決勝当日朝のミーティングでもその点についてぬかりはありませんでした。

リレーの場合、バトンを受け取るエリア（テイクオーバーゾーン）が定められています。その範囲で受け取らなければ失格です。失格にならないことはもちろんのこと、トップスピード、かつ利得距離（バトンを渡す際の受け手と渡し手の腕の長さの距離＝実際には走らなくてもよい距離）を稼ぐバトンパスを意識して「前走者がどこに到達したら次走者がスタートを切るか」目安のテープを張り、精密機械のように日々練習を繰り返してきました。その成果は、準決勝でのアジア新という好タイムで結実しました。

にもかかわらず、2016年8月21日の朝日新聞や日刊スポーツによると、決勝当日朝のミーティングで、目安のテープの位置を延ばす（遠ざける）決断に至ったと書かれています。「予選ではバトンが詰まっていた」という判断です。ここにキーファクターが隠れています。

もしそう思ったとしても、皆さんはそれを決勝当日に言い出す勇気がありますか？

そして、それを受け入れる勇気はありますか？

準決勝で自分たちのベストタイム（アジア新）を叩き出したばかりの状況です。ここで微調整するとなれば、ぶっつけ本番です。この提案ができるのは、スタッフを含めたメンバー全員が**「目標で結びついた真の関係」**であると同時に、どんな些細な提案でも批判・攻撃されない、受け止めてもらえる、という**「心の安全」**が約束されていたからこそできたことです。批判・攻撃されることを心配するような低次元なレベルではなく、勝つためには至極当然のことと捉え、チャレンジすることをいとわないのだと思います。私の経験則も含めて、良いチームの共通点は**「チャレンジを歓迎する風土」**があるように感じます。

2　個人のマインド・成長

チームワークというと、いかに足りないところを補い合うか、というふうに誤解をされてしまうことが多いです。しかし、真のチームワークは**シナジー（相乗効果）**を生み出すことです。その大前提となるのは、個人の心構えや成長意欲ではないでしょうか？　リレー日本代表チームはその点も顕著です。２０１６年のリオデジャネイロオリンピック当時はまだ１００m10秒を切れる選手がいませんでしたが、２０１７年9月に桐生祥秀選手が9秒98を叩き出し、日本人初の9秒台をマークしました。そして今現在も9秒台を狙える位置にいる選手たちがたくさん出てきているのが現実です。「足りないところをチームワークでごまかす」という甘えた発想ではなく、**個人が最大限の努力**をしたうえでチーム活動に臨む姿勢こそ、理想的な高め合いの関係だと言えます。

3　チーム方針と多様性

チームとしては、**日本代表が取り組むバトンの方針が明確**だったからこそ、一定の共通理解のもとで議論ができたのだと思います。40m通過タイム（テイクオーバーゾーン20mを含めた前後10m）を3秒75以内に設定、アンダーハンドパスを採用すること（他国はほとんどオーバーハンドパス）など、方針を大切にしたなかで柔軟な発想で取り組んだのだと思います。その1つとして、アンダーハンドパスの改良が挙げられます。利得距離では不利と言われるアンダーハンドパスを独自改良することで、スピードを大切にしつつ、最大限の利得距離を生み出す方法に行きついたということでしょう。

先ほど述べた、決勝当日朝、バトンの受け渡しに微調整を加える決断も、根底にある方針を覆したわけではありません。次走者がスタートを切る目安（テープ）を、準決勝のときよりわずかに延ばす（遠ざける）決断をしたのです。やはり方針は重要で、その**範囲内で多様性を生かし、柔軟に変化できる**ことが大切なのです。

リレーでは、そのほかにも多様性が際立っている点があります。私たち素人は、うっかり4人がそれぞれ100mを走っているかと思ってしまいがちですが、実は全員が均等に100mを走っているわけではないのです。一般的に第1走者～第4走者ではそれぞれ走行距離が違い、日本チームの場合は短い人は約80m、長い人は約120mも走っているようです。この距離の差は、バトンの受け渡しが可能なテイクオーバーゾーンの有効活用によって生まれるものです。

つまり、第1走者〜第4走者ではそれぞれ走行距離が異なるため、**特徴が異なる選手が適材適所**で活躍していたということです。事実、2走で約120m走る飯塚翔太選手は200mを得意とする選手です。多様性を生かして、特徴が違う選手を4人組み合わせる方が理に適っているということでしょう。その他にも、「2・3走者はバトンパスの回数が多い」「1・3走者は曲走路を走る」など、特徴を組み合わせた走順も多様性の賜物でしょう。

4 背後のチームワーク

リレーでは、主役となる4選手の努力だけでメダルが獲れるわけではありません。彼らの背後には、彼らを支える**「背後のチーム」**が存在しているのです。すぐに思いつくのはスタッフのチームでしょう。また、なかなか注目されることはありませんが、リレーは控え選手たちの存在が欠かせないのです。リオデジャネイロオリンピックでは、高瀬慧選手と藤光謙司選手の2名が最後までチームを後方から支えました。2走の飯塚選手の帰国後インタビューでは、「高瀬さん、藤光さんがいなかったら、間違いなくここまでこられていなかったと思います。2人が僕らより年上というのがすごく大きかったです。だって、絶対に悔しいと思うんですよ。でもアップで一緒に流しとかやっているときとかも、絶対にいろいろな思いがあるはずなのに、そういうのを見せず、僕らをサポートしてくれました。それは若い選手だったらできなかったことじゃないかと思うし、2人がそばにいてくれたからこそ、僕らは1つも困ることなく、いつもと変わることなく競技に臨めました。それはとてもありがたかったです」「決勝の前も『頑張ってこい』と、いつもと同じように送り出してくれて、レース後は心から喜んでくれました。あの2人がいてくれて本当によかったです。感謝しています」とコメントしています（日本陸上競技連盟公式サイト（https://www.jaaf.or.jp/）より引用）。このエピソードは、まさしく「背後のチーム」の存在がいかに大きな影響を与えるかを示していると思いませんか？

5　過去を生かす

決勝当日朝のミーティングで、目安のテープの位置をわずかに延ばす（遠ざける）という決断に至ったことは先述のとおりですが、いったいどのくらい遠ざけたのでしょうか？

耳を疑います。なんと！　たったの**「7㎝」**でした。「それで何が変わるの？　誤差のレベルでしょ？」と思ってしまうほどです。

しかし、7㎝という決断に至るには訳があったのです。先ほどの朝日新聞や日刊スポーツの記事によれば、前回のロンドンオリンピックでは**「14㎝」**遠ざけるという攻めの姿勢が結果的に裏目に出たという趣旨の内容が紹介されています。その反省を生かして話し合ったそうです。だからこそ7㎝というのは彼らの〝**納得解**〟だったと解釈できます。仮にメンバーが変わっても、日本チームとしての過去の失敗が次の大会できちんと生かされる点も良いチームの条件です。

05 まとめ▼▼▼

このように、目標に向かって妥協なく議論できる**「心の安全」**が担保された環境で、助け合いという安易な考えを持たない**成長意欲のある選手**たちが、一定の**チーム方針の中で多様性・柔軟性を生かし、背後のチーム**も含めて一体感を持ち、**過去の経験**までも血肉としていくこと。リレーの事例はまさに**チームワークの真髄**だと思います。また、指導者が示す方針**(＝最適解)**の中で皆が試行錯誤を繰り返し、理解・習得し、それを土台に〝**納得解**〟へと昇華させて結果につなげていくプロセスは、**「脱 トップダウン」**のお手本のようです。

本書では、リレーという顕著なチームワーク事例から読み解いた、以上の**5つのポイント**をそのまま章立てとして活用していくこととしました。

第1章：〝心の安全〟と〝チャレンジを歓迎する風土〟
第2章：個人のマインド・成長
第3章：チーム方針と多様性
第4章：背後のチームワーク
第5章：過去を生かす

この構成で、他の様々なスポーツ事例を交えながら、「脱 トップダウン思考」のチームワークについてより深く解説していきたいと思います。

第 1 章

“心の安全” と
“チャレンジを歓迎する風土”

Solutions 06

「真の平和」を築き上げる条件

―「心の安全」が約束されていること、「チャレンジ」を歓迎できること―

「皆さんは〝平和なチーム〟と聞いて、どんなチームの姿が浮かびますか？　実際に思い付くだけ書き出してみてください」

この質問をすると、**「意見衝突のないチーム」「皆の考えが一致しているチーム」「ケンカがないチーム」**という趣旨の意見がよく挙がります。確かにそういったチームは理想かもしれませんが、残念ながら現実はそうではありません。「十人十色」「千差万別」という言葉からもわかるように、人は皆、発想や価値観、好み、クセなど、すべてが異なっているのです。そんなバラバラな考えをもった人が集まった状態で、衝突がないチームなど非現実的です。仮にあるとすれば、誰かが我慢していて本音を言っていない、意図的に衝突を避けている、ということになります。先に触れましたがそれを私は**「偽りの平和」**と呼んでいます。言い換えると、衝突を避けることを優先し、心から納得していない状態です。

では、**「真の平和」**とは、いったいどのようなチームなのでしょうか？

■「真の平和」とは

発想や価値観は指紋と同じように皆「違う」という大前提のもと、**「違い」こそがチームにとっての大きな武器だと認識し、「違い」を歓迎し、「違い」を学びの材料にできるメンバーがそろったチームこそ、「真の平和」**と呼ぶにふさわしいと思います。

そんなチームでは、仲間との食い違いを当然のことと考え、否定から入らずに相手の意見に関心を示し、そこから自分になかった発想を学ぶ姿勢があります。またコミュニケーションはポジティブで裏表がありません。全員に同じ役割を求めず、それぞれが適材適所で特徴を生かして活躍します。

また、チャレンジや変化など、**新しいものを歓迎するチーム風土**もあります。

「真の平和」の象徴は、**「チーム内で誰もが自分らしく自然体でいられる関係」「弱みを見せ合える関係」「メンバー同士が名指しでアドバイスし合える関係」**です。それにより、おのずと陰口はなくなっていきます。アドバイスされた側も落ち込んだり、逆恨みしたりせず、むしろ感謝します。

■「偽りの平和」の特徴は

「偽りの平和」は、意見があっても黙っている状態のことです。表面的には平和で、一見何も問題がないように思えてしまいますが、メンバーの心の中は常にストレスでいっぱいの状態です。他者と食い違いを恐れてしまい、自分らしさは出せません。慢性的な症状の場合、ストレスを抱えていることが常態化してしまい、それ自体に違和感すらもたないこともあります。

私の勤務する大学の卒業生が、だれもが知っているような大企業に就職しました。1年目のある日、常々感じていた非効率的な仕事のやり方について、自分なりの考えを上司に伝えたそうです。

私「ここはもっと○○した方が効率的だと思うのですが……」

上司「わかっている。でも〝考えるな〟」

と上司に返されたそうです。きっと上司も若い頃は同じ考えだったけれど、大きな組織を変えることはできず、諦めたのかもしれません。

「偽りの平和」の特徴は、**変化を嫌い、現状維持で満足**します。常にネガティブで不満感情や諦めの気持ちが心を支配しています。そして最終的には**究極の依存体質（指示待ち）**を生み出します。否定されることを恐れるため、意見があっても黙っていることが得策だ、自分さえ我慢すればいい、当たり障りのないことを答えよう、と考えてしまいます。良い意見が出てこないわけですから、当然チームは活気を失い、後退路線になっていきます。

■「黙っていること」は表面上の平和にすぎない

先ほどの会話と似ていますが、よくありそうなスポーツチームのミーティング風景を考えてみましょう。

選手・スタッフを集めた全体ミーティングでは意見が全く出ず、指導者から重要な戦術がよどみなく流れるように説明されていく……というケースがあります。ミーティング中は誰も発言せず静かだったのに、終了後、部屋を出たと同時に、廊下を歩きながらヒソヒソ声が聞こえます。「あのやり方じゃ勝てないよな」「あんなこと、できるわけないよ」「もっと○

○した方がいいでしょ」など、本音の裏ミーティングが始まるのです。皆さんも、こうした経験をおもちかもしれません。

この例からもわかるとおり、「偽りの平和」とは表面上の平和を最優先した姿であり、「黙っていること」に象徴されます。

■「心の安全」の担保が不可欠

では、「真の平和」に行きつくために、私たちは何から始めたらよいのでしょうか？

それは、指導者が選手たちに**「心の安全」を担保**してあげることだと考えています。

家族を例にとってみましょう。幼い子どもは親に対していつでも本音を言います。「おなかが減った」「もっとお菓子が食べたい」「遊びたいから帰りたくない」など、ワガママ放題です。スーパーなどで「あれ買ってほしい！」と泣きながら寝転がってダダをこねている子どもを見たことがあります。それに対して親は叱ることはあっても、そんなことで我が子を嫌いになったり、縁を切ったりすることはありません。子どもはそれを無意識レベルで理解しているからこそ、あんなに**ストレートに本音やワガママも言える**わけです。そこにあるのは、**絶対的な安心感＝「心の安全」**なのです。
つまり、「心の安全」がないチームでは防衛反応が働き、自分を守ろうとした結果が「偽りの平和」につながるのだと思います。

直接対話、温かみのある感情伝達が絶対的な安心感を生みだす

2016年リオデジャネイロオリンピックサッカー男子日本代表で監督を務めた手倉森さんは、選手を心から大切にしています。手倉森さんがJ1ベガルタ仙台を率いていた当時、こんな話を聞いたことがあります。

「調子を落とした選手の中には、メディアを使って間接的に自分の努力をアピールする選手だっている。でも、そんなことするとほかの選手が焦ったり、感情が乱れたりして、チームのバランスが崩れる。そういう選手には、〝俺の頭の中にはお前の一番いい時のパフォーマンスがきちんとインプットされている。だからお前と契約したんだ。必要以上に評価を気にせず、安心してお前らしいパフォーマンスを取り戻すことに専念してくればいい〟って

声をかけてやるんだよ」

と言っていました。

手倉森さんの言葉を受けた選手はどう思ったでしょうか？　面と向かって言ってくれていること、指揮官からの**絶対的な信頼の言葉、ポジティブなアドバイスと温かみのある感情伝達**に安心感を抱いたことでしょう。ただし、どんなときも優しく接することがいいわけではありませんし、ぬるま湯の関係とも違います。**心からの信頼関係**があるからこそ、ときに厳しい要求もし合えるのです。

一般的な考え方であれば「メディアを使ってアピールするのはやめてくれよ。チームに悪影響を及ぼすだけだ。そんな暇があったらトレーニングしてくれ」と言いたくなってしまいます。仮に、言うのをこらえたとしても、監督の心の中はその選手に対するイライラが募るばかりです。監督と選手の間に表面的なトラブルはありませんが、結果的に心の距離が生まれ、「報酬のみでつながっている関係」へと変わっていくのが「偽りの平和」の結末です。

メッセージ――学生アスリートの皆さんへ――

ビジネスパーソンも同じです。「職場は単にお金を稼ぐだけの場所」だという割り切った感情で仕事と向き合い、自分らしさと本音を押し殺しているとしたら、あまりにも悲しいことだと思いませんか？　起きている時間の大半を職場で過ごすわけですから、職場の人間関係が充実すれば、それは**「人生の充実」**にもつながっていくはずです。せっかくですから、人としても成長できる職場を構築し、お金を稼ぐだけではない、大きな付加価値のある職場を目指していきたいものです。

ですから、学生アスリートの皆さんには、社会に出る前にぜひ、大好きなスポーツを通じて「真の平和」の素晴らしさを実感してほしいと強く思っています。

06　まとめ

「心の安全」が約束されていないチームにおいて、発言することはあまりにもリスキーです。チームのために、と思って勇気を振り絞って発言しても、周囲から批判・攻撃・陰口を食らい、自分の立場を危うくしてしまうおそれがあるわけです。そんなチームなら、黙っている方が得策だと思ってしまうのは当然でしょう。

一概には言えませんが、「偽りの平和」は極めて日本的な精神風土だと思います。感情を押し殺して淡々とチームに向き合う姿勢は「忍耐強さ」という美徳感情さえ抱かせます。「偽りの平和」の場合、チームがバラバラになることはないので、最低限の成果を生み出すことはできるかもしれません。

しかし、名指しでアドバイスし合っても人間関係がぎくしゃくしない、フェアで清々しい人間関係、すなわち「真の平和」を目指すことではじめて、メンバーの力を最大限に引き出すことに成功し、チームとして１つステージを上げることができるのです。

Solutions *07*

「伝え方」と「受け止め方」を日常生活から意識しよう

「コミュニケーションって難しい」そう思う方はとても多いと思います。かく言う私もその一人です。「そんなつもりで言ったんじゃないのに……」と誤解を招き、ややこしいことになることもあります。なぜ、そのようなトラブルが起こるのでしょうか？

コミュニケーションとは相手ありきの行為で、相手との共同作業だからです。普段、私は大学の教員をしていますが、授業を受けてくれた学生が**「コミュニケーションとは、相手が意味を作り出すもの」**という趣旨のレポートを提出してくれたことがありました。まさにそのとおりです。となると、相手がどのような解釈をしたかがすべてになってきます。本稿では、コミュニケーションにおける**「伝え方」**と**「受け止め方」**について考えていきましょう。

まずは**「伝え方」**に注目していきます。

■相手をリスペクトし、成長につながる〝伝え方〟

チームメイトがミスをしたとき、「何でそんなこともできないんだよ!」「何回ミスしてるんだよ!」指導者や年上の選手がついつい言ってしまいそうな一言です。冗談程度であれば問題ありませんが、この伝え方には仲間に対するリスペクトもチームの成長も感じません。こう言われてやる気が出る人は少ないに決まっています。実際にこんなふうに言われた選手は、「必要とされていない」「チームに迷惑をかけている」と自信をなくし、チームワークを語る以前の問題になってしまいます。単なる感情の吐き捨ては**チームワーク違反の発言**だということがわかります。

そこで、相手をリスペクトしつつ、成長につながるような表現に変換してみましょう。

例えば指導者がそっと歩み寄り、「俺も昔はおまえと同じミスを繰り返していたんだけど、この壁を越えたら一気にプレーの幅が広がって楽しくなったんだよ。俺はそのとき○○を意識したらうまくいったから、おまえも試してみてくれよ」というように伝えたとします。すると、どうでしょうか? 指導者側が自身の失敗談を話してくれたことで親近感が湧き、押しつけではなく**提案のようにアドバイス**されたことで試してみようと思えるのではないでしょうか？

伝え方というのはとても重要なのです。最初の一言で相手が嫌悪感を抱き、心のシャッターを降ろしてしまったら、その先の共同作業（コミュニケーション）は意図せぬ方向に進んでしまいます。そうだとしたら、発信者としても本意ではないはずです。**批判・攻撃・文句**のような表現とは今すぐ決別しなければなりません。そしてこれからは、**提案・アドバイス・励まし**に変換していく必要があります。

■「第1感情」「第2感情」を意識して伝え方を変える

さて、ここからは、伝え方を変えていくための1つの考え方をご紹介します。

アンガーマネジメントに関する書籍などを読むと人には**「第1感情」**と**「第2感情」**があると書かれています。どうやらほとんどの人が、自分の中にある第1感情に気づかないまま第2感情だけを吐き捨ててしまっているようです。先ほどの例でいうと「何でそんなこともできないんだよ！」「何回ミスしてるんだよ！」というのはまさに第2感情です。

では、第1感情とは何を指しているのでしょうか？

第1感情とは本人さえも自覚の薄い、相手に抱いていた最初の感情です。「もう少しできると思っていたよ」「これについては何度も教えたことだから、そろそろできるようになってほしい」という相手に対する**「期待」**が第1感情であることがほとんどです。「期待」していたことはすっかり頭から吹っ飛んで、期待を裏切られた第2感情、つまり**「怒り」「失望」**を先に伝えてしまうとコミュニケーションがこじれてしまいます。**まずは自分の第1感情に気づくことが大切です。**

それに気づいたうえで、**「リスペクト」**と**「相手（チーム）の成長」**という2つの視点から伝え方を検討します。リスペクトとは言い換えると**「相手を認める」「信頼を示す」「（適正な）期待をかける」「相手の気持ちに寄り添う」**ことになります。また、相手の成長につなげるためには、「それができるようになったら、チームは（あなたは）こんな素晴らしい状態になっている」という**希望や明るい未来をイメージ**させたうえで**具体的なアドバイス**をすることです。

「俺も昔はおまえと同じミスを繰り返していたんだけど、この壁を越えたら一気にプレーの幅が広がって楽しくなったんだよ。俺はそのとき○○を意識したらうまくいったからおまえも試してみてくれよ」という先ほどの例は、「俺も昔は同じミスを繰り返していた」という表現で**相手に寄り添い**、「この壁を越えたら一気にプレーの幅が広がって楽しくなった」という表現で**希望や明るい未来をイメージ**させています。そして最後に「○○を意識したらうまくいったから、おまえも試してみてくれよ」と、**一番伝えたいアドバイス**を添えています。

大事にしたいことは、「心からの信頼」と「リスペクト」

先に登場した手倉森さんが、Ｊ１ベガルタ仙台の監督時代に話してくれた内容が印象的でしたのでご紹介します。プロの世界で、ケガによって長期離脱を余儀なくされた選手は、チームメイトから遅れをとる不安や焦りを抱え、思うように回復しないイライラなどもあいまって、モチベーションを落とすことがあります。そんなとき、残念な監督は、ケガでプレーできない選手には見向きもせず、声もかけません。良い監督は「ケガをしていても、しっかりやるべきことをやれよ」と声をかけて選手を気遣います。しかし、落ち込んでいるタイミングでは素直に受け取れず「そんなことはわかってるよ！」と言い返したくなる選手だっているかもしれません。普通の言葉がけでは選手にメッセージが届かないことを悟った手倉森さんはこう伝えたそうです。

「おまえはケガをしていても給料がもらえているよなぁ。俺がおまえのサッカーテクニックと契約しているとしたら、ケガでそれが発揮できなくなった時点で、一時的に給料は支払われなくなるはずだろ？　でも給料がもらえているってことは、俺はおまえの人間性と契約したってことなんだよ。だから、ケガしてつらい時期だろうけど、チームのためにやれることを頼むぞ」

リスペクトとは、相手を甘やかすことでもなければ、ぬるま湯の関係でもありません。このエピソードからもわかるように、最後には「チームのためにやれることを頼むぞ」と、肝心な要求はしっかりと伝えていることがわかります。指揮官にそのような声をかけられた選手は、やる気が出ないわけがありません。監督からの**「心からの信頼」・「リスペクト」**を感じ、期待に応えたい、という思いが込み上げたに違いありません。

仕事の上下関係でも同様だと思います。私が学生のころ、心から尊敬する恩師の仕事をサ

ポートしているとき、
「信也は俺にとっては御守りみたいな存在だ」
という声をかけられました。たぶん先生は覚えていないと思います。私自身もはじめはあまり意味がわかりませんでしたが、じっくり考えてみるとその奥深さに気づき、あとから感激したことを覚えています。御守りとは、実際に直接手助けをしてくれることはないですが、身につけていると安心、心強い存在です。「おまえが居てくれるだけで安心だ。落ち着くよ」ということを伝えてくれているのかな、と気づいたとき、先生からの全幅の信頼・期待・リスペクトを感じることができ、私はこの先生のために一生頑張ろうと思いました。こう思わせることができれば、自然とチームの成長にもつながっていくはずです。

続いて、意外と厄介な「受け止め方」について考えていきましょう。

仲間の言葉に「悪意はない」

――提案・アドバイス・励ましを感情論で返すのはナンセンス――

せっかく周囲の仲間が**提案・アドバイス・励まし**で伝えてくれるようになったとしても、

歪んだ受け止め方をしてしまうケースがあります。よくあるのは「否定された」「個人攻撃された」と勘違いして逆恨みしたり、落ち込んだりするケースです。また、「おまえだってできていないだろ」「おまえにだけは言われなくない」といった感情論で返してくる人もいます。せっかくの**アドバイスを感情論で返すのはナンセンス**です。ほかにも、自分を過小評価し「そんな難しいことを言われても俺には無理だよ……」と、萎縮したり、殻にこもったりしてしまうケースも考えられます。このような言動もすぐさま変えていかなければなりません。

チームメイトとはリスペクトの関係で結ばれているのですから、発言の裏に「私を傷付けようとする意図は一切ないんだ」と**安心**してください。また、**皆がチーム（相手）の成長につながる言動**をしているのですから、「私に対する悪意などない」「個人攻撃ではない」ことを認識し、気にしすぎる必要はないのです。

風通しの悪いチームには、大抵の場合、裸の王様が存在します。それは、面と向かって本音で話ができない人のことです。つまり、陰口を言われる存在です。けれども、陰口を言われるのが好きな人など、どこを探してもいないと思います。

裸の王様にならないためには、**「伝え方」と「受け止め方」を変えていくことが有効**です。これを意識すると身の周りの人間関係がガラリと好転します。

想像してみてください。いつも批判・攻撃・文句ばかりの人は仲間が遠ざかっていきます。そうなれば本音でアドバイスをしてくれる人はいなくなり、結局は陰口を言われます。「受け止め方」がネガティブな人も同様です。せっかくアドバイスをしたのに、「おまえだってできてないだろ！」と感情論で突っぱねられたらどうでしょうか？　落ち込まれたり、逆恨みされたりしてしまったらどうでしょうか？

もう二度とその人にアドバイスすることはないでしょう。そして、本人に面と向かって言えなくなった感情は、陰口として発散されることになるのです。

言いづらいことを面と向かって伝えてくれる勇気に感謝して素直に受け止める姿勢をもたなければ、裸の王様になっていくのはごく自然なことです。こうやって、風通しの悪いチームができあがっていくのです。高すぎるプライドや過度な落ち込みは、周囲の人も離れていきますし、自身の成長を鈍らせてしまいます。

07 まとめ

伝え方を**「提案・アドバイス・励まし」**に変えていくこと、受け止め方を**「謙虚・素直・感謝」**に変えていくこと、これらを徹底することでチーム内のコミュニケーションがスムーズになり、裸の王様はいなくなります。裸の王様がいなくなったチームはさぞ風通しが良いことでしょう。

今回ご紹介したコミュニケーションにおける**「伝え方」**と**「受け止め方」**というのは、立場・役職を問わず**すべて人間関係に当てはまるテーマ**です。しかも、**日常生活から意識していくこと**で、家族や友人関係にも好影響が波及すること間違いなしです。すぐにうまくいかないかもしれませんが、意識し続けることで少しずつ手ごたえがつかめるはずです。

「俺はいつでも話を聞くよ」

―受け入れられなくても受け止めることから始めよう―

チームの中では、指導者や先輩に対して臆病になってしまう、なかなか自分の意見を言えない、という選手は多いのではないでしょうか？　確かに、発言ひとつが評価につながるかもしれない、怒られるかもしれない、否定されるかもしれない、そんな不安があったら、簡単にリスクを負うことはできません。**人間関係の質に問題**があって**思考が萎縮**すると、無難な行動に終始してしまい、チームパフォーマンスはなかなか上がってきません（図3参照）。選手たちからコミュニケーションをとりにこない現状に対して、「あいつらはやる気がない！」と決めつけてしまう指導者もいるかもしれませんが、それでは良いチームづくりはできません。こういったケースの場合、**指導者や先輩たち**が少し変わるだけですべてが解決する可能性があります。まずは**日常のコミュニケーションを変えていくこと**が大切です。

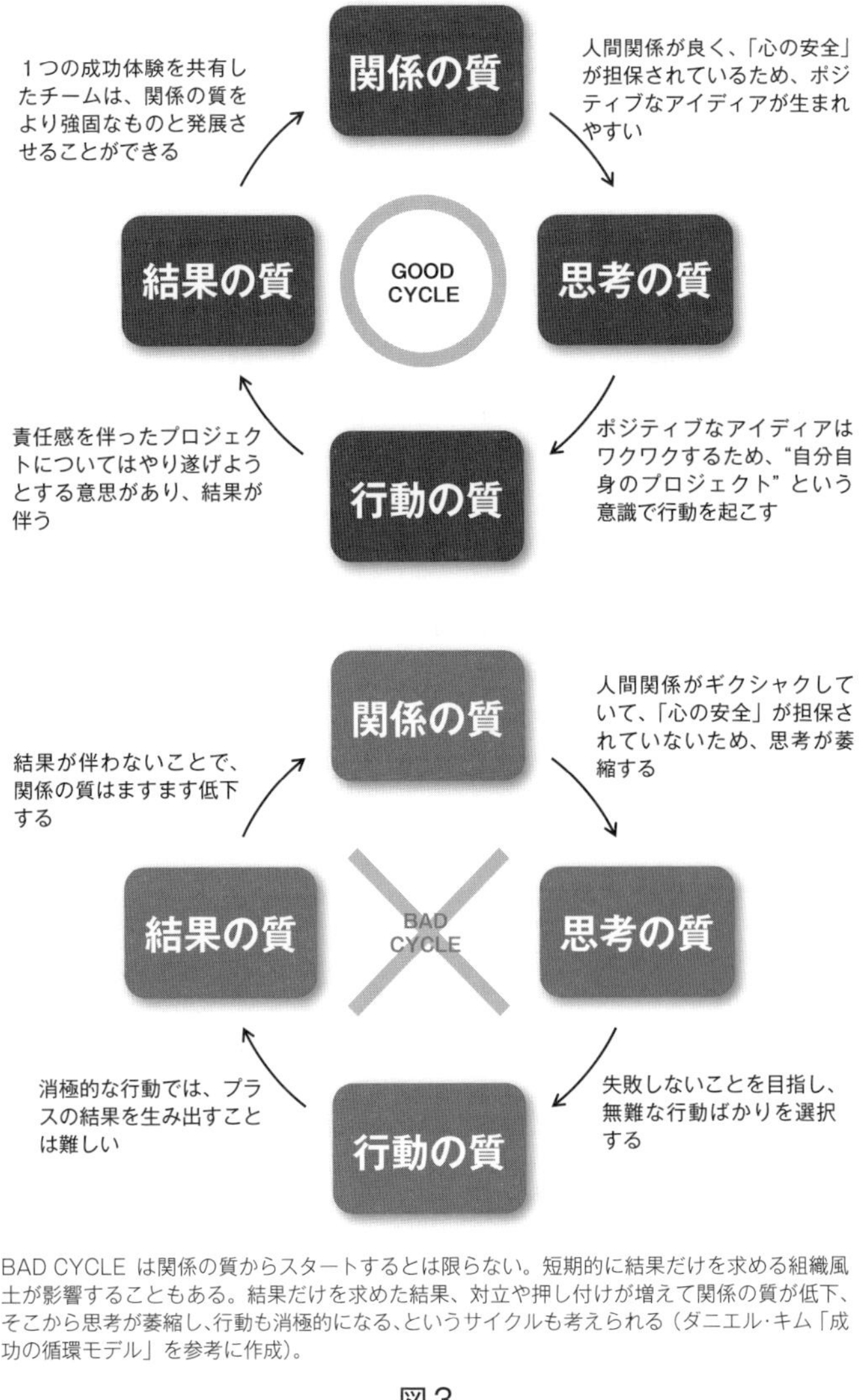

BAD CYCLE は関係の質からスタートするとは限らない。短期的に結果だけを求める組織風土が影響することもある。結果だけを求めた結果、対立や押し付けが増えて関係の質が低下、そこから思考が萎縮し、行動も消極的になる、というサイクルも考えられる（ダニエル・キム「成功の循環モデル」を参考に作成）。

図３

■「孤独」と「孤立」は違う

先にご説明しましたが、指導者側が特に意識しなければならないポイント、それは**「受け止め方」**です。

指導者の皆さんは、選手からもしも何か進言や提案をされたとしたら、どんなふうに受け止めますか？　その**受け答えの仕方や何気ない一言**で、メンバーの気持ちが**プラス**にも**マイナス**にも作用します。

進言の内容によっては、まるで自分のやり方にダメ出しをされているように感じることもあるかもしれません。指導者としてのプライドを傷つけられたように感じ、許せない感情が心の中に湧いてくるときもあるかもしれませんが、そんなとき、持論をたたみかけて論破するのは控えましょう。

なぜなら、進言や提案をしてくれるメンバーは、指導者にとって貴重な存在だからです。ただでさえ指導者というのは選手の**本音を引き出しにくく**、裸の王様になりやすい立場です。勇気をもって面と向かって提案してくれるメンバーは、本当は貴重な存在なのです。

私が横浜F・マリノスのコーチをしていた頃、当時の社長からこんなことを言われたことがありました。

「リーダーは孤独だけど、孤立してはいけないんだよな……」

なぜ、その言葉を私に言ってくれたのかはわかりませんが、この文章を書きながらふと思い出したフレーズです。**リーダーは、重要な決断を迫られる立場です。**また、誰にも相談できないような深刻な内容のことも多々あるため、一人でプレッシャーを抱え込み、孤独だと感じることも少なくはないはずです。しかし、勘違いしてはいけないのは、**「孤独と孤立は違う」**ということです。

チームの中で孤立した指導者は、メンバーから多くの情報、アイディア、選択肢を吸い上げることができないわけですから、当然良い決断ができるはずがありません。最後の決断は自分一人でするものですが、その過程において裸の王様になってしまうのは良くないのです。

選手たちからすれば、指導者のプライドに配慮したり、上下関係を意識したりして提案を慎むのは当然のこと、ただでさえ裸の王様になりやすいのが宿命です。そんな存在にならないためには**「俺はいつでも話を聞くよ」という姿勢**を見せ、常にドアをオープンにしたうえで、**否定から入らずにいったん受け止める姿勢**が必要です。

メンバーからの提案をすべて**「受け入れる」**ことはできなくても、**「受け止める」**ことくらいはできるはずです。提案してもらいにくい立場だからこそ、些細なことであっても選手からの情報に対して指導者は敏感でなければなりません。感情論で「俺に指図する気か！」と言ってしまうのではなく、むしろ、**チームの成長のために提案してくれた勇気あるメンバーの行動**をリスペクトし、感謝してください。

■「自分の考えとは違う」と思っても「受け止める」

横柄な態度をとり続ければ、いずれ選手から総スカンを食らい、孤立します。そうならないためにも、情報・提案・進言に対して否定から入らず、選手の意見を受け止めてみましょう。自分の考えとは違うと思っても、**いろいろなアイディアを受け止める寛大さ**、「私の意見とはちょっと違うけれど、そういう考え方もあるよね」とか「そうか、俺とは違う発想だけど、行き詰まったときにその考えを参考にさせてもらうよ」というように、**否定ではなく受け止める姿勢**を見せるだけで、選手たちから信頼を得ることができるはずです。

裸の王様になってしまい、本当のことを誰も言ってくれずに後で悔やむよりも、選手の声に耳を傾け、感謝の心をもつことがなにより大切なのです。

スポーツ指導者向けの講習会では「そんな態度では指導者としての威厳が保てないのではないか？」と不安に思う方から質問を受けることが度々あります。その不安こそ、トップダウン思考の症状です。せっかくの提案を突っぱねて威厳を示したとしても、選手には不満しか残りません。むしろ大きな心で受け止める姿こそ、メンバーからの信頼を集めることになるでしょう。また、自分の威厳を保つことが目的ではなく、チームを良い方向に前進させることこそが指導者の本来の役割です。選手の声にもしっかりと耳を傾けつつ、チームを前進させることができているのであれば、威厳を失うどころか尊敬を集めることになるでしょう。

■発言させることで責任感を持たせる

サッカー元日本代表監督、現FC今治オーナーの岡田武史氏は、J1横浜F・マリノスの監督時代に、Jリーグ連覇（2003、2004年）の偉業を達成しました。その時コーチを務めていた小坂雄樹氏（現J2モンテディオ山形コーチ）が、以前私にこんな話をしてくれました。

岡田さんはその当時、すでに1998年フランスワールドカップで代表チームを率いた経験のある偉大な監督であったにもかかわらず、20代の駆け出しコーチだった小坂さんにもいろいろと意見を求めたといいます。

「おまえはどう思う?」「僕はこう思います」「なるほどな」という会話が日常だったそうです。小坂さんは、

「当時は自分も若くて、今から思えば恥ずかしい回答しかできなかったけど、岡田さんはいつも、〝なるほどな〟と言って聞いてくれたのが本当に嬉しかった」

と振り返っています。そんな監督が裸の王様になることはないでしょう。

また、小坂さんは、

「岡田さんは、〝おまえの考えを聞きたい!〟と強調していた。私の意見を採用しようと思っていたとは思わないけど、〝おまえもコーチなんだ〟〝おまえのチームでもあるんだ〟という自覚を起こさせる狙いをもっていたと思う。それに、日常的に意見を求められれば、いろいろなことにアンテナを張り、自分なりの意見をもとうとするし、発言することで責任感も生まれるしね。良い意味での緊張感があって成長できた」

と続けてくれました。コーチたちが日々やりがいと責任を感じ、緊張感をもって職務に向き

合えば、仕事の質も高まるはずです。

08 まとめ ▼▼▼

指導者が**オープンマインドな姿勢**を示すことで、選手たちは安心して自分の意見を発言することができます。そうすれば、指導者が孤立することも防げますし、やりがいを感じて競技に打ち込むことができることでしょう。

自分と違う意見にアレルギーを示して批判・攻撃していては、指導者の想定を超えるようなチームは絶対に生まれません。〝チームワーク〟の素晴らしいところは、**違う意見を認め合い**、新たな発想を得ることで、指導者の想定をはるかに超えるような**化学反応（シナジー）が起こる点**です。

すべての意見を受け入れることはできないでしょうが、まずは受け止めることから始めてみてはいかがでしょうか？

Solutions 09

健全な議論ができれば、「自分のチーム」という責任感が育まれる

〝責任感のない人〟と言われて思い浮かべるのはどのようなタイプの人でしょうか？
ときどき企業の研修などでそんな質問をします。すると、「いい加減な人」「やると言ったことを投げ出す人」「約束を守らない人」「すぐに誰かのせいにする人」などという意見が出てきます。**責任感は個人レベルの問題**、とお考えの方がほとんどでしょう。かく言う私も以前はそう思っていました。

しかし、チームワークを研究していくにしたがって、必ずしもそうとは言い切れないことに気づきました。確かに、個人の意識次第で解決できる部分は大きいと思います。例えば、生活リズムを整えて遅刻を減らすことは個人レベルで解決できそうです。ところが、いくら個人レベルで責任感を高めようと努力しても、変えられない部分もあるのです。意外と知られていない**責任感の落とし穴は、チーム体質**が影響していたのです。

「全員の前で発言する機会すらない」「個人の意見は取り合ってもらえない」「常に身内からの批判・攻撃・陰口を恐れていて心理的に萎縮している」など、自由に発言できないチームでは責任感が育たない、ということを2つのケースでご説明します。スポーツもビジネスも共通しているとお感じいただけると思います。

1つ目は、**重要事項が一部の人間だけで（密室で）決定される場合**です。メンバー全員を集めた会議では、決定事項・報告事項が一方通行で伝えられます。既に決定していることなので、議論の余地がありません。仮にメンバーが意見を言おうものなら、「もう決まったことなので」という流し方をします。そんなチームでは誰も会議で口を開きません。しかし、先述したように会議が終了し部屋のドアを開けた途端、廊下を歩きながらヒソヒソ話でメンバーたちによる本音の裏会議が始まります。「あんなこと、誰が決めたんだろう?」「うまくいくわけないよな」という具合です。

2つ目は、**バリバリ仕事ができてしまう強烈な率先垂範型(トップパフォーマー型)リーダーの場合**です。取り組む姿や業績面で尊敬はされていますが、それゆえにアンタッチャブルな存在になりやすく、メンバーが一様に口をつぐみます。そういうリーダーは、「誰よりも成果を挙げている」という自負があるため、自分が正しいと思い込み、ほかのやり方を認めなかったり、全員に自分と同じ質・量のタスクを求めてしまったりする傾向があります。結果的にメンバーは窮屈に感じ、発言しにくくなってしまうケースです。「このやり方には少し疑問があるな」と思ったとしても、「誰よりも仕事のできるあのリーダーが言っているんだから間違いはないだろう」「反論はできない(しようものなら論破される……)」と思わせてしまうのです。

■自由に発言できる風土が責任感を育てる

ここで挙げた2つのケースでは、チーム風土やリーダー像は違うものの、**真剣な議論がないまま仕事が進んでいく点**が似ています。当然のことですが、真剣に議論がなされていない決定事項に対しては不信感や疑問点があり、**心からの納得感が得られていないことが多い**のです。特に、現場意識が薄く、理論・正論やデータ・数字を並び立てるリーダーであればなおさらです。納得感がない方針や計画を一方的に押し付けられれば、当然**「やらされている感」「受け身感」**が強くなり、責任感など湧くはずもありません。結果的に、「見られているときはしっかりやるが、そうでないときは気が緩む」という手抜き体質のチームが誕生します（※トップダウン思考の場合、手抜きを防止するために、ルールや罰をより厳しくする“締め付け”の方向に進んでしまいます。）。企業であれば、「上の人が言っていますので」「私は言われたことをしただけです」というように、いざというときには責任逃れをするようになっていきます。つまり、**自由に発言できない（自分の意思が反映されていない）チームではメンバーの責任感も育ちにくい**、ということです。

このように考えると、責任感はすべて個人レベルの問題と言い切ることはできず、チームの体質が影響しているということをご理解いただけるのではないでしょうか？

さらに付け加えると、このようなチームでは面と向かって意見を言うことをリスクだと感じます。評価を下げられるのではないか、今後の風当たりが強くなるのではないか、発言者一人が責任を負わされるのではないか、と不安が先行し、保身に走り出します。保身の末路として、最悪の場合は蹴落とし合いに行きつくことさえあり得ます。自分の正当性を示したいという思いから、仲間の失敗を見つけてはコソコソと批判し、少しでも自分が優位に立とうとするなど、チームワークとは真逆の行動を起こすメンバーも出てこないとは言い切れません。

■全員参加型決定事項＝納得解

そんな状況を打開するためには、責任感を高めるための好循環を生み出さなければなりません。まずは、チーム内に**「安心感」**を浸透させることです。お互いがリスペクトし合えるよう、**〝関係の質〟**（P73図3参照）を高めることです。そこから、発言の仕方や受け止め方などの意識改革をして、「心の安全」を担保していくのです。**「心の安全」が約束されたチーム**ではお互いに否定から入らず、意見の多様性（食い違いや衝突）には寛容、というよりむしろ歓迎します。その結果、皆が真剣な議論に参加することができます。**自分自身も議論にのめりこみ、議論を重ねてたどり着いた決定事項に対しては、納得感が高まるはずです。**

納得感のある方針・計画には希望や期待があり、達成したいという思いが強まるのではないでしょうか？

「議論」という言葉にアレルギーがある人の多くは、議論＝勝敗という感覚があるからでしょう。本当の議論は相手を論破し、従わせることではありません。お互いが意見を出し合い、**両者納得の第３案＝納得解**を生み出そうとする姿勢が議論に必要なマインドなのです。

そこで生み出された納得解にこそ責任感が宿るのです。

議論を重ねて生み出された納得解には自分の意思も反映されているため、**「俺のプロジェクト」**という感覚になり、「絶対に成功させたい」という思いが高まります。すると、「このプロジェクトには俺の思いが詰まっているんだから、みんなもちゃんとやってくれよ！」という気持ちになり、仲間への関心も高まります。計画どおり順調に仕事が進んでいるか、仲間の仕事の進捗さえも気にかけるようになっていきます。指導者がいちいち指示・命令・管理・監督しなくても、メンバー相互にチェック機能が働くステージです。結果的にメンバー全員がお互いに関心を寄せ合い、妥協のない真のチームへと発展していくのです。なお、「議論」というと大げさに感じる方も多いかと思いますが、そんなことはありません。練習中や試合中のちょっとした時間を使ってお互いの考えをすり合わせることを習慣化することが何より大切です。

■自らの意思で「考動」した高校球児

2018年夏の甲子園大会の準々決勝、近江高校vs金足農業高校では、9回裏のサヨナラ2ランスクイズで金足農業高校が勝利し、一躍メディアを賑わせました。1－2で後のない金足農業はノーアウト満塁からスクイズ、そして2塁ランナーまでがホームにまさかの生還を果たし試合が決まりました。日本生命野球部時代に選手として都市対抗野球大会優勝などの経験をおもちの塚原謙太郎氏（東京電機大学理工学部非常勤教員）にうかがったところ、ノーアウトという状況を考えるとあの場面はリスクを負う状況ではなく、セオリーとは異なる選択だという見解です。２０１８年8月19日の朝日新聞朝刊によると、スクイズを決めた斉藤選手や監督さえも、２ランスクイズ（逆転）までは想定しておらず、「同点になったな」と思ったそうです。つまり、2塁ランナーの菊池選手自らの意思でホームを狙ったということです。また、この緊迫する状況で打席が回ってきて見事にバントを成功させた斉藤選手は、この大会でノーヒットでしたが、日ごろの打撃練習の８割をバントに費やし、あらゆる状況を想定して10種類を準備しており、「１発で決めなければいけないから難しいけれども、あの場面で決める自信があった」と新聞のインタビュー記事に書かれていました。

結果論になってしまいますが、仮にトップダウン（監督の指示）で2ランスクイズを実行した場合、２塁ランナーは不安や迷いの中で走ったかもしれません。そして、もしも失敗したときは、「監督に言われたからやった」だけのことであり、大きな後悔は残る一方でそこに責任感はないはずです。

また、バントを成功させた選手は、**自らの意思で納得いくまで**日々バント練習をし続けたからこそ、失敗の許されない大事なシーンで自信と責任感を持って打席に入れたのではないかと思います。もしも監督に怒られるのが嫌で仕方なくバント練習をしていたとしたら、あの大舞台で自信を持って打席に立つことは難しかったのではないでしょうか？

つまり、自分たちの意思が反映されていることについては責任感が高まり、**「俺たちのプロジェクト」**として進行していくのだと思います。また、2塁ランナーまでが一気にホームを狙ったシーンから、このチームには〝チャレンジを歓迎する風土〟があったと推察することができます。

09 まとめ

私はときどき、**「全員で1つの船に乗ろう!」**という表現をします。それは「ピンチになったときでも一人だけ助かろうとしない。目標に向かってチームとして最後までやり遂げよう」というメッセージです。

例えば、共通の目標を掲げたメンバーが乗った船が、船体破損によって今にも沈没しそうになったとします。そんなとき、数の足りない救命ボートを我先に奪い合うパターンと、全員で様々な知恵を出し合って破損した部分の修復に取り組み、沈没を防ぐパターンが考えられます。

前者はチームの一員としての自覚と目標への意識が薄く、自分の保身が最優先の集団です。

後者は、**「目標の魅力」**と**「メンバーの魅力」**で結びつき、目標への意識と共同体意識が高いチームです。後者であれば結果的に全員が助かる上に、引き続き目標に向かって航海ができますが、前者は救命ボートを奪い合う過程で殴り合いをして全員がダメージを受け、そうこうしているうちに船は沈没する、という惨めな末路が待っていることでしょう。

健全な議論ができないチームでは、**全員が「俺のプロジェクトだ」**と思えるような魅力的な目標ができません（仮に目標は一致していても、プロセス・やり方が一致せずに苦労するケースもたくさん見てきました。）。そんなチームではメンバー同士の信頼関係も責任感も生まれません。**「目標の魅力」**と**「メンバーの魅力」**、この2つがそろうことが大切です。その結果、リーダー個人ではなくチーム自体に求心力が備わるのだと思います。

Solutions 10

リーダーは自らの一貫した価値観に基づき、「個別対応」をする必要がある

良い選手はそれぞれの得意分野や積み上げてきた経験があり、自信があるものに対してはプライドを持っています。ビジネスでもスポーツでも、**プライドを持つことはとても大切なことです。**しかしながら、**そのプライドが逆効果になる人がいるのも事実です。**

そういう選手はとかく、個人的なこだわりや他者からの評価に執着し、結果的にチームワークに反する行動をとってしまう傾向にあります。皆さんの周りにも「スキルはあるけれどもプライドが高すぎて扱いにくい」という選手がいるのではないでしょうか？

■プライドを傷つけると不満分子になる

スポーツにおいてスキルのある選手はチームにとって非常に重要な存在です。周りの選手からも一目置かれる存在となり、次第に**影響力**を持ちます。その影響力が拡大していったとき、**指導者を助ける存在**になるのか、それとも**脅かす存在**になるのか、大きな分かれ道がやってきます。それはスポーツの世界だけでなく、ビジネスシーンでも同じことが言えるでしょう。

その影響力を、指導者が脅威だと感じたとき、よくありがちなのは、指導者という立場を利用して、嫌がらせのような、ひどい仕打ちをする対応です。

かつて日本のスポーツ現場では、選手を力ずくで従わせる、干し続ける、という**指導者の**

支配願望が全面に出ていました。しかし、力ずくで人を動かす方法は、残念ながら**これからの時代に求められる指導者像**とはかけ離れています。

■選手一人ひとりを大切にし、誠実に向き合う

サッカードイツ代表のヨアヒム・レーヴ監督は、２００６年にドイツ代表監督に就任し、２００８年のヨーロッパ選手権で準優勝、２０１０年南アフリカワールドカップでは3位、２０１４年ブラジルワールドカップでは見事優勝、２０１７年コンフェデレーションズカップでも優勝を果たし、国の代表監督として異例の長期政権を築いたサッカー界の名将です（２０１８年ロシアワールドカップはグループリーグ予選敗退）。

ここからは、２０１４年9月29日にＮｕｍｂｅｒ Ｗｅｂ（https://number.bunshun.jp/articles/-/821735）に掲載されたレーヴ監督の記事（文：木崎伸也氏）をご紹介します。

２０１４年9月にワールドカップの総括を行う会議が行われ、優勝監督としてレーヴ監督も出席しました。そこで「監督にとって大切なことは？」と問われると「専門知識やフィロソフィーを持っていることに加え、選手とコミュニケーションを取れることだ。現代の選手は、何事にも根拠と説明を求める。監督はそれに答えることができなければならない。つま

り、心理学の知識やコミュニケーションスキルが重要だ」と述べたそうです。

それは選手一人ひとりを大切にし、誠実に向き合うことを意味していると思います。例えば、キャプテンだったラーム選手との関係が挙げられます。ラーム選手は所属チームのバイエルンミュンヘンで本来の右サイドバックからボランチにポジションをコンバートされ、新境地を開拓していました。

ラーム選手は「代表でもボランチでプレーしたい」とメディアをとおして主張するようになりました。監督に直接伝えずに、メディアをとおして主張するのは両者の関係をややこしくする原因となり得ます。なぜなら、メディアとしては、監督とキャプテンの主張の食い違いは格好のネタになるからです。メディアを介して間接的なやり取りを繰り返しているうちに、真意が伝わらずに関係をこじらすことは容易に想像できると思います。会見のたびに「ラーム選手をどこのポジションで使うつもりですか?」という質問が飛んだそうですが、監督は選手全員を集めたミーティングで以下のように伝え、事態の収拾を図ったそうです。

「ケディラとシュバインシュタイガー（いずれもボランチの選手）はまだケガ明けで、決勝までの7試合をとおして出場できるかわからない。だからみんなで仕事を分担する必要がある。まずはラームをボランチで使うつもりだ」

ＮｕｍｂｅｒＷｅｂでこの記事を書いた木崎伸也氏は次のように解説しています。

「（あくまでケガ人がいるから）まずはラームをボランチで起用する」

この監督の発言には2つの意味が込められていて、ラーム選手に対しては本職の右サイドバックに戻す口実を示し、2人のボランチ選手にとっては仮に試合に出られなくてもプライドを保てるよう配慮した、ということになるのです。優勝までの道のりのなかで、他の選手の負傷を受けて、ラーム選手を右サイドバックに戻す決断をしたときも、ラーム選手は、「僕は常にあなたが求めるポジションで出場します」と答えたそうです。

才能のある選手こそ、扱い方を間違えれば大きな不満分子となり、指導者の悩みの種になります。そんなとき、プライドをへし折って叩きのめし力ずくで従わせようと考える人もいるかもしれませんが、それではチームは空中分解してしまいます。**権力で従わせるチームは、苦しいときには“手を抜く体質”を生み出します。**

■「特別対応」ではなく「個別対応」の気遣い

この事例では、レーヴ監督がラーム選手に対して気を遣いすぎだという捉え方もあるでしょう。監督らしく毅然と振る舞えばいい、という考え方もあるかもしれません。しかし、私はそうは思いません。おそらくレーヴ監督は、ラーム選手だけでなく、その他の選手一人ひとりが抱える問題に対して、**個別の対応方法**を用意しているはずだからです。決してキャプテンだけに**「特別対応」**をしているのではなく、一人ひとりに合わせた**「個別対応」**をしていると推測できます。そもそも、監督も優勝したい気持ちに変わりありません。選手のやる気を削ぐような言動をすれば、それはすなわち監督自身の夢も遠ざかることを意味しているわけですから、いかに選手に気持ちよくプレーしてもらうかが重要なわけです。

良い指導者は、選手対応の積み重ねの結果がチームのパフォーマンスになることを知っているのです。指導者の仕事は、**メンバーをよく観察することからスタートします。メンバー一人ひとりの性格的特徴、チーム内で置かれている状況**などをよく観察し、チームに与える影響を考慮したうえで**具体的なアプローチ方法**を決定すると良いでしょう。

そうやって思慮深く考え抜かれた指導者の行動こそ、**「個別対応」**と呼ぶにふさわしいと思いませんか？　指導者には一貫性が必要だとしばしば言われますが、**一貫性が必要なのは価値観・フィロソフィー・判断基準**の部分であって、全員に対して**一律・同様の態度**で接することが必ずしも正しいわけではありません。全選手に対してそれぞれのアプローチで**「心**

の安全」を担保し、安易にプライドを傷つけるなど、歪んだ形で自分の威厳を示すようなことはしないのです。

バレーボールにおいて、男子・女子の両方で指導したチームを日本一へと導いた酒井新悟監督（Vリーグ女子久光製薬）は、「脱 トップダウン」のお手本のような指導スタイルで栄冠を手にしてきた名将です。

2018年4月30日付Number Web（https://number.bunshun.jp/）の酒井監督に関する記事（文:田中夕子氏）では、個別対応の重要性がわかるエピソードが紹介されています。

「同じポジション同士など一度に2、3人と向き合う形を取ったのだが、沈黙が続くばかりで対話にならない。『これを言ったらどう思われるかな、と僕ではなく意識は隣の選手へ向くんです。この状況では本音なんか言わんな、と気づいたので、今は一対一でしっかり話しています』」

男子で優勝経験があったとしても、女子チームに同じやり方を持ち込むことはせず、女子選手の特徴を理解し柔軟な対応で「心の安全」を担保したといえます。

10 まとめ

スポーツの世界だけでなくメンバーを気持ち良く動かすための配慮は職場でも同じです。例えば開発部から営業部に異動を命じられた人がいるとします。

開発で一定以上の成果を出していた自負があり、慣れない営業での新たなスタートに納得できない様子を見た上司は、「営業には営業のやり方があるんだから、開発でうまくいっていたからといって特別扱いはしないぞ」と言ってしまいそうです。しかし、そんな言い方をしたら一気に不満分子に変わり、ほかの予備軍たちも巻き込んで勢力を形成し、リーダーを脅かす存在に発展するかもしれません。

そうではなく、「開発の苦労を知っている君こそが、この商品の魅力を最も知っている人物だ。その魅力をたくさんの人に伝えてくれよ」という言い方ができれば、よし頑張ろう、と思うのではないでしょうか？

スポーツであれビジネスであれ、リーダーはチームを前進させるために、**自らの一貫した価値観のもとで、個別対応を繰り返す必要がある**のです。

第2章

個人のマインド・成長

Solutions 11

チームの強みを最大化

―シナジーを生み出すために一人ひとりが大切にしたいこと―

■「チームワーク」の落とし穴

「チームワークが良い」と聞くと、皆さんはどのような状態をイメージしますか？

「メンバーの仲が良い」
「コミュニケーションが取れている」
「目標に向かって連係がスムーズ」

などといった答えが一般的だと思います。つまり、個々を上手にブレンドし、組織力や連係面が整った状態だとお考えだと思います。確かにその通り！　と言いたいところですが、私はそれだけだと答えとしては50点だと考えています。なぜなら、現状の実力でどうやりくりするかだけに関心が向いてしまうおそれがあり、**個々の弱点を連係や組織力で補ってごまかすようなチーム**ができあがってしまうかもしれないということです。

本当に良いチームは、チームの目標達成に向けてメンバー一人ひとりが成長するための努力をし、そのうえで連係や組織力を高めようと考えていると思います。チームワークを語る上で「**個人の成長**」「**個人の努力**」は欠かせません。厳しい言い方になりますが、個々が成長のための努力を怠ることはチームワーク違反だとさえ考えています。

そこで改めて、いろいろな解釈があるチームワークという言葉を整理してみます。本書ではチームワークを、

「**チームの要求レベルに達するために各々が自己責任で努力を続けたうえで、技術的・精神的・身体的な協力体制が整備された状態**」

と定義したいと思います。この共通認識がないまま「**チームワーク**」という言葉を多用すると、連係面ばかりがフォーカスされてしまい、ベースになる「**個人の成長**」が軽視されるチームになってしまいます。

■継続的な「個人の成長」「個人の努力」が「チームの成長」をもたらす

個々の努力の積み上げとチームとしての連係、その両輪で結実したチームワークの事例としては、本書でもすでに触れている**4×100mリレー**が挙げられます。本稿では、個々の努力がリレーのチームワークを下支えしている、という視点で見ていくこととします。

リオデジャネイロオリンピックの4×100mリレーで、日本は見事に銀メダルを獲得し、世界にインパクトを与えたことは先述のとおりです。100m個人では決勝に残ることも難しく、また（当時は）**だれ一人として10秒の壁を破れなかった**、そんな日本人がチームになると銀メダルを獲ることができる、その連係面を世界が賞賛したのだと思います。

確かに、様々な記事や報道を見ても、バトンパスにフォーカスされたものが圧倒的に多い印象です。**日本の生命線は「バトンパスである」**という考えで選手・スタッフ全員が一致していたことは明らかでしょう。

しかし、連係面ばかりがクローズアップされる一方で、個人が努力を続けてきたことも事実でした。それを結果で示したのが、2017年9月9日の桐生祥秀選手の記録です。高校時代に10秒01という日本歴代2位の記録を叩き出した桐生選手は、その後何度も10秒の壁に跳ね返されながらも努力を続けてきた結果、9秒98という記録を出すことができました。今もなお、桐生選手に続いて9秒台を狙える選手が何人かいるのも事実です。

私は、**個人の成長**、**個人の努力**が、4×100mリレーの銀メダル獲得を**下支え**していたのだと確信しています。9秒台を出したのは結果的にリオデジャネイロオリンピック後になりましたが、その**継続的な努力**がメダル獲得につながっているのです。メンバー一人ひとりが成長し続けることを大前提としながら連係面を追求していく。それがリオでの銀メダルを生んだことは間違いありません。

■チームワークのベースは個人の成長にあり

では、桐生選手が9秒台をマークする過程を見ていきましょう。読売新聞（YOMIURI ONLINE）2017年10月21日の深代千之教授（東京大学）の記事（https://www.yomiuri.co.jp/fukayomi/ichiran/20171018-OYT8T50050.html）や日本陸上連盟科学委員会（https://www.jaaf.or.jp/about/resist/t-f/）のデータから読み解いてみたいと思います。

100mを約10秒で走るということは、0.1秒は1mに、0.01秒は10㎝に相当します。桐生選手が自己ベスト（当時）10秒01を9秒98に塗り替えたということは、0.03秒短縮したことになります。距離にして約30㎝、それを約47〜48歩という歩数で割ると、1歩当たり約6㎜ずつストライド（歩幅）を伸ばした計算になります。

日本人は体格面の影響でストライドは世界トップより劣りますが、ピッチ（歩数・回転数）には強みがあると言われています。一般的にピッチを上げればストライドが落ち、ストライドを伸ばすとピッチが落ちることが多いというジレンマのなか、いかにして強みのピッチを維持しながらストライドを伸ばすか、試行錯誤を繰り返した末の9秒台だったと思われます（これを**〝納得解〟**と呼びたいところですが、おそらく桐生選手はまだまだ追求の途中だと思いますのでその言葉は控えます）。自己ベストが更新できない苦しい4年間の中で、1歩6㎜という血の滲むような努力がうかがえます。

しかし、それは桐生選手に限った話ではなく、他のリレーメンバーも同様に弛まぬ努力をし、今では〝いつ9秒台を出してもおかしくない〟と言われるレベルの選手が何人かいるわけです。桐生選手には自身の出場する個人種目もあるため、決してリレーのためだけに練習をしているわけではないですが、この事例は**「チームワークのベースは個人の成長にあり」**ということを示してくれています。

先ほどご紹介した2017年10月21日の深代先生の記事には、

「どのようにしたら速く走ることができるのかという〝答え〟は1990年代の中ごろには出ていたのです。（中略）〝答え〟があれば迷いなく自信を持って練習できます。ただ、選手は個々に特徴が違いますし、**〝答え〟を実現するのはあくまでもコーチや選手自身の努力**です。」

と書かれていました。

まさに、本書の序章で触れた〝最適解〟と〝納得解〟の関係を示唆しているようで興味深い記事でした。

■「個人の成長」「個人の努力」がチームに刺激をもたらす

話は変わって、皆さんは「1マイル4分の壁」という話をご存じですか？

1マイル1604mを4分未満で走ることは数十年にわたって「人間には不可能」とされ、その当時はエヴェレスト登頂や南極点到達よりも困難だと言われていたそうです。そんななか、1954年、医学生だったロジャー・バニスター選手が、トレーニングに科学的な手法を導入し、3分59秒4の記録を打ち立て、不可能と言われていた4分の壁を打ち破りました。数十年にわたって不可能と言われてきた4分の壁ですが、不思議なことにバニスター選手が4分を切ってからわずか1年の間に、なんと23人もの選手が4分を切ることに成功したというから驚きです。

桐生選手が、長年の日本人の夢だった9秒台を樹立した今、ここ数年の間で何人かが9秒台を立て続けにマークする可能性は高いのではないかと思います。そして、これも**チームワークの産物**だと言えるのではないでしょうか？　チームのメンバー一人ひとりが成長しようと努力をし続けた結果、そのうちの一人が大きな壁を乗り越えることに成功した。その**偉大な記録に刺激を受け**、勇気づけられたチームメイトが次々と記録を打ち立てる。

日本の陸上短距離界にそんな正のスパイラルが生まれるとしたら、２０２０年東京オリンピックでリレーチームがまた大活躍する可能性が高まります。

11　まとめ

チームといえども、それを構成しているのは個人です。構成員一人ひとりの成長がいかに大切かおわかりいただけたと思います。チームワークでお互いの弱みを補完するだけの関係では物足りません。お互いの強みを引き出し**相乗効果（シナジー）**を生みだすレベルこそ、真のチームワークと呼ぶにふさわしいでしょう。**単に弱みを補うだけ**のチームワークから、**強みを最大化しシナジーを起こす**チームワークへ。そのベースは個人の成長にあるのです。

Solutions 12

メンタルという言葉の本質を3つの視点から考える

「メンタル」という言葉をしばしば耳にします。
スポーツ、ビジネス問わず、失敗にへこたれず、努力を重ね、プレッシャーをはねのけ、図太い神経でチャレンジを続けていく人を**「メンタルが強い」**、うまくいかずに挫折する人を**「メンタルが弱い」**などと表現します。

皆さんは、メンタルという言葉をきちんと説明できるでしょうか？

曖昧なまま、〝メンタル〟という便利な一言で片づけてしまうと、物事の本質に迫れずに終わってしまいます。安易に使ってしまうこのワードですが、それを掘り下げていくことで本質が見えてきます。
そこで本稿では、**つかみどころのない、でもつい使ってしまう**、そんな**〝メンタル〟**という言葉について考えていきたいと思います。

■「どのくらい好きか」

1つ目として、それが**「どのくらい好きか」**ということが重要になります。好きなことであれば頑張れるわけです。むしろ、頑張るという言葉はふさわしくないのかもしれません。好きであれば、無理をして頑張っているという感覚はないはずだからです。働き方改革が叫ばれていますが、好きなことを仕事にしていて毎日が楽しい人に、「働き過ぎだから帰りなさい」と帰宅を促したら、その人にしてみれば逆につらいかもしれません。まさに、**「好きこそものの上手なれ」**という諺のとおりです。

2018年サッカーロシアワールドカップでゴールを挙げ、現在はスペインで活躍するサッカー日本代表の乾貴士選手は、2007年の高校卒業と同時に、当時私がコーチをしていた横浜F・マリノスに入団しました。通常プロ選手の練習は午前中で終わるのですが、乾選手は夕方4時ごろになってサッカースクールの子どもたちが集まる時間になっても、一人でボールを蹴っている日があったことを覚えています。高校時代の乾選手は1日10時間以上練習をしていたと聞いたこともあります。

これはメンタルが強いからできたことでしょうか？

夢のために嫌いな練習を頑張っていたのでしょうか？


おそらく、本気で好きだったからこそ成し得たことだと思います。

つまり、メンタルという言葉の本質として**「どのくらい好きか」**が重要だとおわかりいただけると思います。好きだからこそ、苦しいときも頑張れるのです。

■「他者の評価を気にせず、自らの成長にこだわる」「コントロールできることにのみエネルギーを注ぐ」

2つ目に、「他者からの評価を大切にしているのか？」「自らの成長を大切にしているのか？」の違いがあります。

残念ながら他者からの評価は自分でコントロールすることはできませんが、努力や工夫は自分でコントロール可能です。しばしば「全力で努力すれば他者からの評価は得られるのでは？」と選手から言われることもあるのですが、そんなことはありません。その「全力」「努力」を「全然足りない」と思う人もいれば、「十分やった」と評価してくれる人もいるわけです。安定したメンタルを手に入れるためには、自分でコントロール可能なことにエネルギーを注ぐことが何より大切です。評価は他者がすることであり、自分にはコントロールできません。他者の評価によって一喜一憂するということは、自分ではコントロールできないものにパフォーマンスが支配されてしまうことを意味します。

例えば、サッカーでミスをしてしまったときは「やばい、監督からどう思われたかな……」「観客からあいつ下手だと思われたかな……」と不安になり、「ミスをしないように」という消極的な気持ちが先立ち、本来の力を出し切れずに終わってしまいます。

もしくは、下げてしまった評価を一発逆転取り返すために、リスキーな（一か八かの無謀な）プレーを選択し、またミスを上塗りしてしまう選手もいるかもしれません。

高い評価を得たときも同様です。満足感に浸ってしまい、努力をやめてしまうことでしょう。いずれにしても、これでは自分自身に軸がなく、安定したパフォーマンスは発揮できません。これらの傾向がある人は、うまくいかないときに人やモノや環境のせいにし、うまくいったときは自分の努力だと思い込みます。

一方で、自らの成長を大切にしている人は、ミスの捉え方が全く異なります。ミスをしてしまったら「今まで気づかなかったことに気づけた」「成功へのヒントを得た」「次はこんなやり方にチャレンジしてみよう」という具合に、**失敗から学び**、次への意欲がますます湧いてくるのです。

ミスしても動じない、それでも積極的にチャレンジし続ける選手を「メンタルが強い」の一言で片づけることはできません。その背景には**「他者の評価を気にせず、自らの成長にこだわる」「コントロールできることにのみエネルギーを注ぐ」**そんなマインドがあることに気づかされます。

■自分の成長につなげるプラスの解釈が大切

３つ目に、ポジティブな思考も大切な要素です。単に能天気でいればいいわけではありません。**目の前で起こっている事実に対してプラスの（意味のある）解釈をするのです。**人はほとんどのことを自分の価値観（フィルター）を通して〝解釈〟します。

サッカー選手を例に取ってみましょう。朝起きたら、風雨が強かったとします。「最悪な天気だ」と捉える人がほとんどです。目の前で起こっている事実にネガティブな色を付けてしまう、そんな人間の習性によってモチベーションを下げたり、不安になったり、イライラしたりしてパフォーマンスを落とす人はたくさんいます。

しかし、プラスに解釈する力を持っている人は、「雨のときはボールのバウンドが変わるから、普段ではできない練習が今日はできるぞ」「真剣に取り組めば雨の試合で役立つはずだ」「強い風は起こそうと思って起こせるものではないから、今日しかできない特別な練習ができるぞ」と意味づけします。その背景には、**成長を軸としたプラスの解釈力が働いているのです**。メジャーリーグのヤンキースなどで活躍した野球の松井秀喜氏やサッカー日本代表の本田圭佑選手も、**「大ケガをしたことはチャンスだと思っている」**という趣旨の発言をしているのを耳にしたことがあります。本田選手は膝の大ケガを負ったとき、「リハビリを通して苦手（瞬発力）を克服できる」と言っています。

逆境と思われる状況でも、それを自分の成長につなげるポジティブな発想が大切だとわかります。

ここまでは、**強いメンタルの正体**について考えてきました。

しかし、それ以前に**目標や理想自己（＝なりたい自分）**を明確に描けていることが大前提となります。

また、**現実自己**の立ち位置もしっかりと把握しなければなりません。そのうえで、**現実自**

己と理想自己のギャップを埋めるためのスモールステップを作っていくことが大切です。

12 まとめ

本稿ではメンタルという漠然とした言葉を少し掘り下げ、

「好きであること」

「評価より成長に関心をもつこと」

「できごとにプラスの解釈をすること」

をご提案しました。

尊敬を集めるスポーツ選手は、この3つを満たしていると思いませんか？

大ケガをチャンスと捉えて成長につなげるなど、困難が降りかかったとしてもそれに左右されずに高い志を持ち続けるメンバーがそろったとき、初めて強いチームが作られるはずです。

結局のところ、**チームは個人の集合体なので、まずは一人ひとりが心身ともに健康で、常にイキイキと前向きな気持ちで競技に向き合うところからスタートします。**

個々を束ねてチームになるわけですから、高い水準で安定した精神状態を保つことが何より大切なのです。そもそも、ほとんどの人は今打ち込んでいるスポーツが「好き」で、自らの意思で競技を始めたはずです。これを機に初心を思い出し、原点回帰するのもよいでしょう。

近い将来、就職を控えている高校生や大学生アスリートにとって、職業選びはいずれ直面する重要なターニングポイントになるはずです。大きな企業では、年に1回の健康診断に加えてストレスチェックなども行われていますが、このストレス社会にどう対処していけばよいのでしょうか?

当然、最終的にはメンタルが強い人が生き残るのだと思いますが、そもそも「仕事が好きだからこそ辛いことにも向き合える」ということを忘れないでください。

そして、「好き」から生まれる強い意思で将来を切り開いていってほしいと思います。

Solutions 13

自己理解を深めることが強いメンタルを育てる

もうすぐ世界最大のスポーツの祭典、オリンピック・パラリンピックが日本にやってきます。自国で開催される2020年東京オリンピック・パラリンピックでの熱い闘いには期待が膨らみます。そして、大会が近づけば多くのメディアが当たり前のようにメダル予想を繰り広げ、期間中は連日のようにメダルの数が報じられます。

1964年の東京オリンピックでは、新幹線や高速道路といった交通網をはじめ、様々なハード面でのレガシィが私たちの生活を変えてくれました。

今度のオリンピック・パラリンピックは、2020年以降の日本にどんなレガシィを残してくれるのでしょうか?

物の豊かさより**心の豊かさが大切**になってきている時代ですから、ソフト面でのレガシィに期待したいところです。

自国開催となればメリットの方が強調され、おのずとメダル獲得への機運が高まるものですが、メリットだけではないはずです。

そこで、2002年サッカーワールドカップ日韓大会で自国開催を経験した選手たちに、自国開催だからこそ必要になってくるメンタリティについて話を聞いてまわりました。

■メディアに振り回されずに自分の評価軸に従って行動する

日韓ワールドカップを闘った何人かの選手に、「自国開催のメリット・デメリットを考えたうえで、どんな選手が活躍できるか？」という問いを投げかけてきたなかで私が最も納得したのは、

「**軸のある自立した選手、ブレない自分の軸がある選手**だったら、周囲の雑音も気にならず、自分のプレーに集中できるのではないか」

という回答でした。

この言葉の意味を理解するために、まずは自国開催というものを整理してみましょう。

唯一最大のケアポイントは、メディアの情報が時差もなく、母国語で直接選手に飛び込んでくる点です。そして、自国開催ということで、普段その競技に関心のない人たちも興味をもちます。ＳＮＳの普及で、今や国民総メディア化している時代ですから、だれでも自由に批評できる状況です。

そして、それが瞬く間に全世界にシェア・拡散されることもあります。たった1つのプレーで酷評されるかもしれません。酷評されて立ち直れず、次の試合から消極的なプレーしかできなくなってしまうのは困ります。

逆に、たった1つのスーパープレーで一夜にして国民的ヒーローに担ぎ上げられるかもしれません。それで勘違いを起こして有頂天になってしまうのも困ります。

メディアによって一喜一憂してしまう選手は自国開催を闘い抜けない。だからこそ、自分の評価は自分自身でする、という軸のある選手が大切だというのがこの回答の真意だと思います。要するに、メディアに振り回されてはいけないということです。

これは、口で言うほど簡単なことではありません。**自分の確固たる評価軸・価値観**を形成することは、一朝一夕ではできません。多くの困難・失敗・挫折体験、達成・満足・成功体験をとおして、その都度自問自答をしながら自己理解を深め、最終的に自己実現に全力を注げるようになるのだと思います。

しかし、相反するように、国民の期待を受ければ受けるほど、「それに応えたい」という思いが強くなるのは当然のことです。それは一歩間違えれば競技への妨げにもなり得るのです。

俗にいうメンタルが強いとは、**「自分自身の価値観・評価軸に従って行動できる」「他人の評価に振り回されすぎないこと」**と言い換えることもできます。

話をうかがった中に、「チームは個人のモノではない」と言ってくれた人もいます。チームスポーツに限った話になりますが、「あくまでチームに対して周囲の期待が膨らんでいるわけであって、個人の力だけで期待に応えられるわけではない」。この言葉を、私はそんなふうに解釈しました。

自分の軸を大切にしながら他者のアドバイスを受け入れる

「他者の評価に振り回されすぎない」とは言いましたが、**他者の評価やアドバイスを素直に受け入れることは成長していくうえで大切**なことだと思います。

ただ、それは**自分自身の評価軸・価値観をより良いモノに「上書き」**していく上で効果を発揮するものではないでしょうか？

自らの価値観を持ち合わせていないのに、周囲からの評価やアドバイスをすべて受け入れようとすると、それは「振り回されている」「ブレている」「迷子」という状態になりかねません。周囲の期待に応えたい一心で頑張っていると、いつしか自分が何者なのかわからなくなるときさえあるでしょう。

自己追求をするうえで、**他者の評価やアドバイスを必要に応じて取り入れる**（不要だと感じたものは一旦スルーする）、という選択能力も大切です。

■「自己実現」が原動力

心理学者のマズローが唱えた欲求段階説は、「人間は〝自己実現〟に向かって絶えず成長する」という仮説に基づいています（図4参照）。

一流のアスリートは、地位や名誉といった他者からの評価（承認欲求）ではなく、最も高次な「自己実現」に向かっているのでしょう。

最近では、サッカーの川口能活選手、小笠原満男選手、楢崎正剛選手、中澤佑二選手、レスリングの吉田沙保里選手らの引退が大きなニュースとなりました。

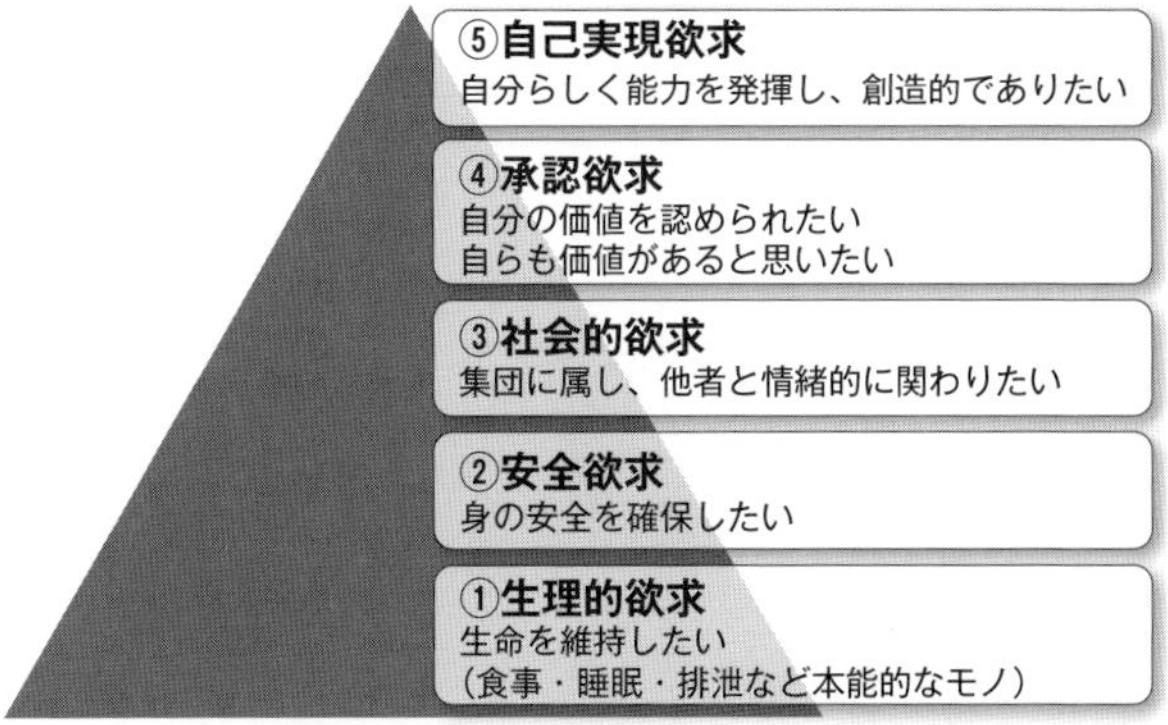
⑤自己実現欲求
自分らしく能力を発揮し、創造的でありたい
④承認欲求
自分の価値を認められたい
自らも価値があると思いたい
③社会的欲求
集団に属し、他者と情緒的に関わりたい
②安全欲求
身の安全を確保したい
①生理的欲求
生命を維持したい
（食事・睡眠・排泄など本能的なモノ）

低次の欲求が満たされると、より高次の欲求を抱くとされている。
①～④は、足りないと不満を感じて満たそうとする（マイナスを埋めることが動機となる）が、⑤は自己実現そのもの（プラスを生み出すこと）が動機になると考えられる（マズローの欲求段階説を参考に作成）。

図4

スポーツ選手の引退ニュースに触れる度に、「まだ早すぎるのでは……」「もっと活躍できるのでは……」と思ってしまうことがありますが、これもまた周囲の期待ではなく、**自分自身の価値観や評価軸**があるからこそ、決断できるのだと思います。

13 まとめ ▼▼▼

競技・日常・ビジネスを問わず、**自分の軸をもつことは非常に重要**です。そして、自分の軸をもつ上では深い自己理解が不可欠です。徹底した**「自己理解」**はチームで働く第一歩になっていくと思います。

自分がいったい何者なのか

何が強みで何が苦手なのか
どういうときに喜びを感じるのか
どうしたら自分の強みでチームに貢献できるのか
だれと調和するとより自分の強みが増すのか

などを考え抜くことで自己理解が進み、そこから導き出された答えが**チームの中での「役割」**となっていきます。

そして、チームから課された役割が十分に果たせたか、自分なりのスタイルでチームに貢献できたか、という自分自身の評価軸ができあがります。そうなると、他者の物差しで評価されることに対しても動じなくなっていくのだと思います。

日本人の職業観として、会社のために人生を捧げるような働き方をしている人がたくさんいると思います。悪い表現をすれば、自分の人生を生きていないような働き方です。

学生アスリートの皆さんがスポーツを通して自己理解を深めることを習慣にできれば、仮に何万人規模の大企業に入社しようとも、**自分らしさを保ち、周囲との違いを鮮明にし、自らの価値を高めていける「人財」**となれることでしょう。

だれにとっても、周囲の評価は気になるものです。時には厳しい評価を下されて、心を痛めることもあるかもしれません。アスリートは常にメディアにさらされていますから、そういう環境でもパフォーマンスを発揮しなければなりません。すべてを真に受けていては振り回されてしまうだけになってしまいます。

自分にとって都合の悪いことは積極的にスルーできる鈍感さと、自分の成長につながるものは積極的に取り入れる敏感さが必要です。

２０２０年自国開催のオリンピック・パラリンピックで、周囲の期待・評価と上手に付き合い、それをバネにして活躍できるアスリートがたくさん出ること、そして彼らの取り組みがスポーツ以外の多方面で応用され、日本の豊かな社会づくりのヒントになっていくこと、そんな**ソフト面でのレガシィ**に期待をしています。

Solutions 14

理想の自分を求めて言語化にチャレンジする

アスリートは、身体活動を通して様々な技を習得していきます。そして、試合を通してそれらをアウトプットします。私たちは、試合でアスリートのパフォーマンスを見る機会はあっても、日々の取り組みに触れることはめったにありませんので、パワー、スピード、スタミナ、しなやかさ、テクニックなどの身体的・技術的側面ばかりが印象に残ってしまいます。結果を残すアスリートは、人目に触れない日々の生活の中でどのように自分自身を高めているのでしょうか？

本稿では少し視点を変えて、**アスリートの「言語化」**について、一緒に考えていきたいと思います。

■〝言語〟を使って「漠然とした目標」から「具体的な行動」へとピント合わせをする

実は私たちは、物事を考えるとき、何らかの形で**〝言語〟**を使って思考を深めています。無意識で行っているため、自覚はなくて当然です。頭の中であれこれと考えごとをするときを思い出してください。映像のようにイメージで考えることもあるかもしれませんが、最終的には言語化して整理するのが一般的でしょう。また、頭の中だけで考えていると混乱してしまう場合、紙に書き出すことがあると思います。そのときもほとんどの方が言語（文字）を使うはずです。言い換えると、思考と言語化には密接な関係があり、**「言語化に行き詰まった時点でそれ以上深く思考することが困難になる」**とも言えるのです。もちろん感覚派のアスリートはイメージ先行かもしれませんが、言語化しながら思考を深め、それがパフォーマンスにつながっている選手もたくさんいます。

例えば、野球のイチロー選手、ゴルフの石川遼選手、サッカーの本田圭佑選手の小学校の卒業文集などは有名です。すでに小学6年生にして**現状把握**や**自己理解**をし、将来の目標をしっかりと見据え、**時系列で目標達成までの道のりを具体的に描いて**います。いつまでに何を達成するかがはっきり導き出せているため、必要な練習内容もはっきりしています。この目標設定も、すべて言語化することからスタートしているのです。

推測の域を出ませんが、おそらくこの3人は、まるでだれかと対話をするように自分自身と対話をし、自己理解や目標設定をしてきたのだと思います。

「俺は将来どんな選手になりたいんだろう？」

という自問に対し、

「こんな選手になりたい！」

と自答します。

「そのためにはいつまでに何を達成しなければならないんだろう？」

という次の問いに対しても、

「あと1年でこのくらいのプレーができないと目標達成が遠ざかってしまうな」

などと自答するわけです。これもすべて、思考を深めるうえで「言語」「自問自答」という
ツールを使っています。**言語を使って、「漠然とした目標から具体的な行動へ」とピント合わせをしているのです。**

すべてのアスリートが必ずしもそうしているとは限りませんが、学生アスリートや指導者にも大いに参考になる考え方だと思います。

"言語化"によって選手も指導者も成長する

皆さんは「知っているけど言葉にできない」「イメージはできるけど言葉にできない」という状況に陥った経験はありませんか？　例えば、子どもに「宇宙って広いの？」と聞か

れ、「とっても広いんだよ」と答えます。しかし、「どのくらい広いの？　どこまで続いているの？」なんてたたみかけられたとしたら、たちまち答えられなくなってしまいます。

つまり**「理解が曖昧なことは言葉にすることができない」「言葉にできないとそれ以上考えを深めることはできない」**わけです。

日本サッカー協会では、育成年代指導や指導者養成の中で10年以上前からコミュニケーションスキルの講義を取り入れてきました。しかし、コミュニケーションスキルと言いながらも一番の目的は〝**論理的な思考力を高めること**〟だと思います。まさに、コミュニケーションが〝**考えを深めるツールである**〟という表れです。他者との会話（もしくは自問自答）を通して、論理的に考えを深めていき、**現状把握**、**目標設定**、**プレー再現力**などを高めていくことができれば、選手にとって大きなアドバンテージになります。また、指導者側が「論理的思考力」とそれを下支えする「語い力」をもちあわせていれば、自らの考えを整理して選手に伝えることが可能になります。そうすることで日本サッカー協会は暴言や体罰と決別することも目指しています。

■似ている言葉を適切に使い分ける

２０１８年５月６日の朝日新聞朝刊には、平昌オリンピックのノルディックスキー複合で銀メダルを獲得した渡部暁斗選手の、言葉に対するこだわりを感じる記事が取り上げられていました。要約すると、

「『**どうなりたいか**』ではなく『**どうあるべきか**』。『**どうなりたいか**』だと、遠い先のことだからまだいいや、となってしまう。世界一の選手はどういう行動をするか考えて行動に移すことは今すぐできる」

という内容でした。

これも、自問自答の末に**自分の心の中にあるものを正しくあぶり出し、微妙な言葉の違いを明確に区別し、納得度の高い言葉を選ぶことで自己実現へとつなげていった**事例です。

■言語化することで他者への影響力も高まる

言語化は思考を深めるための大切なツールです。文字として書き出す、人に話すなどのアウトプットの機会を増やすと、曖昧なことに気づかされます。なぜなら、**曖昧なことは言葉にできない**からです。それに気づいたら、今度は理解を深めるために言葉を使って思考します。さらに、自分の知っている言葉でもっと適切な表現はないか、もっとピタリと納得のいく言葉はないか、よりよいモノを探します。

そうすることで、知っているつもりでごまかしていたことにピントが合い、真に理解したことになります。

「知っているつもりだけれど表現できないモノ」としっかり向き合い、常にアウトプットする努力をすることは、チームの中で埋もれがちな選手たち一人ひとりに、くっきりとした輪郭を生み出し、自立を助け、存在価値を高めてくれます。言語化しようと試みること、もっとピタリとくる表現にこだわり続けること、微妙な言葉の違いを繊細に使い分けることで、自己理解が深まるだけでなく、**自分と他者との違いを鮮明にし、他者を巻き込む影響力も拡大する**ことはまちがいありません。

良いチームは、**思考・行動共に自立した個人が、目標達成に向けて各々の強みを持ち寄り、互いに好影響を与え合って機能している**のです。

14 まとめ

アスリートの言葉が私たちの心に響き、私たちの生活にパワーを与えてくれるのは、単なる経験値によるものではなく、**深い自己理解の賜物**だからだと思います。スマホでのスタンプや絵文字など、言語を用いないコミュニケーションが増えたり、「ビミョー」「フツー」という曖昧な返答で済ませてしまったりすることが増えた今、トップアスリートの言葉から学ぶことはたくさんありそうです。

学生アスリートの皆さんも、いずれは社会人として活躍するときがきます。ビジネスシーンにおいては、競技生活とはガラリと変わって言語で勝負する機会が多いはずです。アスリートでいられるあいだは最終的には自分の身体ですべてを表現できますが、ビジネスとなればそうもいきません。書類作成も、会議も、大事な商談やプレゼンも、すべて言語を通して行います。スポーツに打ち込んできた学生の大半が、就職活動の面接で「チームワークを学んだ」「リーダーシップを身につけた」などと言う、便利で使い勝手の良い言葉を並べて自己PRをしてきました。確かに聞こえは良いですが、漠然としていてピントが合いません。人事担当者からすると、皆が似たような答えをするのでうんざりしているはずです。

便利で使い勝手の良い言葉から卒業し、自問自答しながら、自分の心の中にあるモノを納得の表現でアウトプットしてみましょう。

そうすることで、自分の大好きな競技を通じて社会に出る準備を進められますし、結果的に競技力向上にもつながり一石二鳥、その効果は想像以上だと思います。私としては、コピーライターの梅田悟司氏の著書、『言葉にできるは武器になる』（日本経済新聞出版　2016年）が参考になると思っていますので、興味のある方は是非ご覧ください。

Solutions 15

一般化、汎用化、抽象化する思考をもつことが成長のカギとなる

私が大学の教員として日々接している学生を見ていると、努力に見合った成果を挙げられていない学生が目につきます。これだけ努力したらもう少し報われてもいいのに……、そんなふうに思える学生がたくさんいるのです。

「努力に見合った成果を得よう！」

私が顧問を務めている東京電機大学サッカー部で訴えている言葉です。

学生にとって重要なこと、力を入れたいことはたくさんあります。私自身も学生時代にいろいろなことに打ち込んだ経験が、後から様々なところで役に立ったと思う節があるので、たくさんのことにチャレンジしてほしいと伝えています。

彼らの日々の生活は、勉学はもちろんのこと、アルバイト、部活（サークル）、遊び（恋愛）、就活（インターン）といった5つが大半を占めています。そんな中で、マジメな学生たちが陥りやすい傾向があります。

彼らは5つのことすべてに全力投球するがあまり、100ある力を5つのものに20ずつ注いでしまうのです。これは一見、持てる力を100出し切っているように見えますが、一つひとつのことには20しか割けず、言い換えればすべて中途半端となっている、というのが現実なのです。

それではせっかくの取り組みが水の泡です。

私は、**「頭の中に変換装置を持てば、5つのことすべてに100のエネルギーを注げるようになる」**と学生たちに伝えています。

では一体、その変換装置とは何なのでしょうか？

1つの事象がすべての事象につながっている

東京電機大学は運動部が盛んなわけではなく、理工系大学なので勉強の比重が高い大学です。それでも限られた時間でサッカーをやろうと志した学生たちですから意欲はあります。とはいえ、プロになるような選手は出てきません。

1限から5限まで詰まった講義・実験・演習の正課、サッカーの練習をやって、さらにアルバイト、実験系の授業では毎回課題のレポートはつきもので、通学には往復3〜4時間（首都圏なので無理をすれば自宅から通学できてしまいます）、遊びに行きたい日もあるでしょうし、就活やインターンに行く日もあるでしょう。私の周りの学生たちは、24時間では足りないような生活をしているのです。

話は変わって、サッカーのワンシーンに目を移してみましょう。

「ボールを奪われたら奪い返さなければいけない」

という、サッカー選手ならだれでも知っているようなことができない瞬間が散見されます。疲労の限界であと一歩走ったらぶっ倒れてしまうような状況には見えません。おそらく心の中で**「ま、いっか」**と思ったのだと思います。その「ま、いっか」は、**実は24時間の至るところで存在**しています。「玄関で靴をそろえた方がいいことは知っているけど……」「落ちているゴミは拾った方がいいのはわかっているけど……」「遊びに行く前に課題を終わらせた方がいいのはわかっているけど……」

「ま、いっか」となるわけです。

その日常の「ま、いっか」とサッカーの「ま、いっか」、全く同じだと思いませんか？「心が身体を支配している」わけですから、24時間のなかで「ま、いっか」を撃退していくことでサッカーにも好影響が出てきます。そうすると、今まで日常とサッカーを切り離して努力してきたわけですが、両方がつながっていることに気づいた時点から**１つの努力で両方とも改善していける**ことになるのです。

似たような事例はいくらでもあります。サッカーで、ボールを奪われた瞬間に天を仰ぐ選手がいます。本来は自分で奪い返すのが原則ですが、相手に30ｍのキックをされてしまったら、自分で取り返すことはもはや不可能です。そんなとき、諦めてしまう選手は社会人になったらどんな仕事ぶりか、想像してみましょう。

取引先との間で重大なミスを犯してしまった瞬間、取り返しのつかないことをしてしまったと茫然となり、立ち直れずに諦めてしまうかもしれません。

しかし、優秀なサッカー選手なら、ボールを失った瞬間に自分の責任で奪い返しにいき、それでも遠くに蹴られてしまったら、被害が広がらないよう危険な順に対応し、仲間にコーチングをして協力を呼びかけるなど、**優先順位を付けて対処する**はずです。

きっと、優秀なビジネスパーソンも、まずは上司に報告、先方への謝罪と状況の説明、同時にこれ以上傷口が広がらないよう同僚に協力を呼び掛けるなど、ミスに気づいた瞬間から優先順位を付けてすぐさま対応に当たることでしょう。

■スポーツと日常をリンクさせる

つまり、サッカーで起こった現象をサッカーだけのことと思わず、日常の他の場面でも似たようなことが起こっていないか、**一般化、汎用化、抽象化していく視点**をもち合わせていると、たった1つの気づき・努力でたくさんのことに波及効果が生まれるのです。

スポーツを通して得た気づきや学びを実社会に置き換えて説明することができれば、就職活動の面接にも自信を持って臨めるでしょう。

しかし、残念ながら実際にはすべてを別個のものとして努力してしまい、一つひとつに20のエネルギーしか割けずに終わっていることがとても多いのです。

指導現場では「競技を一番に位置付けろ！」と言ったかと思えば、「勉強をおろそかにするな！」「成績が悪ければ部活に来るな！」などと、相反するようなことを言うトップダウン思考の指導者も多く、選手たちは疲弊してしまいます。ですから、私はサッカーで起こった様々な現象を、実社会のとある場面に置き換えて学生に説明するように心がけています。

そうすることで、様々な現象を結び付けて考える力が身に付き、主体的な気づきを得られるのではないかと考えています。

■異なる分野と共通点を見つけ、抽象化する思考を備える

東京電機大学は初代学長の言葉「技術は人なり」という学是とともに、100年以上の歴史を刻んできました。本学の学生ならだれでも一度は耳にしたことがある言葉です。この言葉は「人柄が立派であってこそ、技術を扱う理工系職業人に相応しい」という意味だと思います。であれば、これもまた一般化、汎用化を試みて、私は本学サッカー部員にこんなふうに伝えています。

「サッカーも理工系職業も〝技術で勝負する〟という点で共通している。サッカーでも、技術を操っているのは人間性だ。東京電機大学の一員として、サッカーでも〝技術は人なり〟を追求しよう」

と呼びかけています。

例えば、上手なドリブルの技術をもった選手がいたとしても、その技術を、いつ、どこで

発揮するかが肝なわけです。やりたいプレーとやるべきプレーを天秤にかけ、常に自制心をもって、チームのために技術を活用することが重要です。単なる技術の披露ではなく、チームのためにその技術を使える選手が重宝されるのです。

そういう**思考の変換装置を身に付けた学生**たちは、サッカーをやりながらも、同時に**理工系職業人としての素養も身に付け**、特別な対策をしなくても就職活動を突破していけるわけです。

このように、単に大好きなスポーツとがむしゃらに向き合うだけでなく、**日常生活の様々なものと結びつけ、一見全く異なる分野と共通点（＝つながり）を見つける抽象化の思考が備わると、すべてのことに100のエネルギーが注げる**ようになると思います。

■仕事と日常をつなぐ変換装置を備える

ビジネスシーンではメンタルヘルスなどの観点から、オンとオフ（仕事とプライベート）を切り替えることの重要性が叫ばれていますが、私はむしろ**思考だけはつなげておいてもいい**のではないか、と思っています。大好きな趣味での発見・気づきを趣味の世界で完結させず、「仕事にもつながる共通点はないか」と頭の中に変換装置を用意しておくと、大好きな趣味で仕事面も成長する、という正のスパイラルが生まれてくるはずです。

ワーク・ライフ・バランスという言葉がありますが、これはオンとオフを切り離す発想で、両者のジレンマのなかでバランスを取らなければなりません。バランスを取ろうとすることそのものがストレスにもなりかねません。職場での気づきがプライベートに応用され、逆にプライベートでの発見が仕事の充実につながる。オンとオフがそんな相乗効果の関係だったら嬉しいはずです。最近ではそれをピタリと表現した〝**ワーク・ライフ・シナジー**〟という言葉も耳にします。

仕事と日常をつなぐ変換装置が働いていれば、何気なく乗っていた電車の中吊り広告が目に飛び込んできて仕事のヒントになる、居酒屋で隣の席の人の会話が耳に飛び込んできて仕事のヒントになる、なんてこともあるはずです。私が冒頭で「変換装置」と表現したのは、**「ある分野での気づき・経験をその狭い分野の中で完結させず、全く異なる分野に応用できる共通点（＝つながり）を見つけようとする一般化・汎用化・抽象化の思考」**を指していたのです。

15 まとめ

世界最高のサッカー監督と言われているグアルディオラ監督は、FCバルセロナ（スペイン）の黄金期絶頂で突如として監督を退任、監督業を休業してアメリカに渡りました。そこで、サッカーにつながるヒントを見つけるために、なんとNBA（バスケットボール）やフットサルの研究をしていた、と聞いたことがあります。まさに**変換装置を働かせ、他競技からもサッカーにつながる共通点を抜き取っていた**のでしょう。結果的に1年の監督休業を経て、FCバイエルンミュンヘン（ドイツ）、マンチェスターシティ（イングランド）へと活躍の場を移しながら、今も世界のサッカーをリードし続けているのだと思います。

本書をお読みくださっている指導者の皆さんが、目の前の選手たちに思考の変換装置を持たせてあげるようなアプローチをし、学生アスリートの皆さんが競技と日常の両面で努力に見合った成果を得られるようになる、そんな好循環が生まれるとお互いの信頼関係も強固なものになると思います。

第3章

チーム方針と多様性

Solutions 16

リーダーが指針・判断基準を示すことでメンバーは自立できる

ビジネス現場で、リーダーが抱くメンバーへの悩みとして**「自分で判断できない」「自立していない」**というのが圧倒的に多いのではないでしょうか？

かつて、NHK教育（Eテレ）でオンエアされていた「目指せ会社の星」という番組で「激突！　上司・部下」と題して、リーダーとメンバーのそれぞれの言い分や対立を扱っているおもしろい企画がありましたが、上司が抱く部下への悩みとして、「自分で考えない」「意見を持たない」「工夫しない」、総じて「課題解決意欲がない」というのがトップに挙がっていました。

一方で、メンバーのリーダーへの悩みとしては、**「責任転嫁がひどい」「言うことがコロコロ変わる」**などがありました。

その放送は2009年6月だったと記憶していますので、すでに10年近く前の話ですが、おそらくリーダー・メンバーお互いの悩みは現在も変わっていないのではないでしょうか？

スポーツシーンでも、おそらく何ら変わらず同じ悩みを指導者・選手がお互いに抱えているように感じます。

では、日々の練習風景を振り返ってみましょう。指導者は「自分で判断しなさい」と選手に言う一方で、実際に自分の判断で行動したら、「違う！　こうしろ！」と言いたくなることはありませんか？

そうした指示を受けたとしたら、選手としては、「せっかく自分で判断したのに……」と自信を失ってしまうことでしょう。そんなことが繰り返されていては、おそらく更に10年先にも同じ悩みを抱えたままだと思います。

そもそもチーム内に、**選手が自分で判断するための「指針」「判断基準」は設けられているか？**　それが一番大切です。もしも明確な指針・判断基準がないならば、個人的な価値観や好みで判断するしか方法はありません。それで怒られたら、選手としても納得がいかないでしょう。指針・判断基準とは、チームとして大事にしている価値観に該当しますので、それが示されていなければ、個人の価値観による判断に頼らざるを得ません。

チームとして（若しくは指導者として）、明確な指針を示すことができれば、選手の判断や自立を手助けすることができます。

■明確な行動指針が現場レベルの判断を可能にする

ディズニーランドやディズニーシーのキャストには、**明確な4つの行動指針**があることが知られています。運営母体であるオリエンタルランドのホームページ（http://www.olc.co.jp/ja/index.html）内（パーク運営の基本理念を参照）には、その4つの行動指針である、

Safety（安全）
Courtesy（礼儀正しさ）
Show（ショー）
Efficiency（効率）

について説明がされています。この4つがそのまま優先順位となっていて、キャストが様々な状況下で現場レベルの判断を求められるときの拠り所となっているわけです。

2013年6月にオンエアされた「ミスターサンデー」（フジテレビ系列）というテレビ番組では、ディズニーリゾートの4つの行動指針と人材育成に関して、事例を挙げて紹介し

ていました。キャストは地面にこぼれている飲み物を拭くとき、手を使わずに足を使って拭くそうです。私たちとしては足で拭くなんて行儀が悪い、と思ってしまいますが、この行動には明確な根拠があるのです。ディズニーリゾートを訪れるお客様のなかには、お目当てのアトラクションにたどり着くため、地図を見ながらパーク内を歩く人も少なくありません。

そこで、

「もしもキャストがこぼれた飲み物を膝をついて手で拭いていたら、お客様は足元にキャストがいることに気づかず、つまずいて転倒してしまうかもしれない」

という理由です。つまり「足で拭く」という作業は、**優先順位最上位である「お客様の安全」を第一**に考え、４つの行動指針に則って判断したキャストの行動だったのです。

もしも**「礼儀正しさ」が最上位**であったとしたら、キャストは違う行動をしたはずです。

個人的な価値観で行動を選択したのではなく、行動指針として「安全」が「礼儀正しさ」を上回っているからこそ、周囲を見渡しアンテナを張りながら地面を足で拭く、という判断ができるわけです。

また、テーブルにこぼれた飲み物と地面にこぼれた飲み物であれば、どちらを先に処理するのでしょうか？　お客様が食事や休憩で利用するテーブルを先に、と思ってしまいそうですが、先ほどと同様に転倒の危険性がある地面を先に処理するそうです。

ほかにも、地面にほうきと水でミッキーマウスの絵を描くキャストの行動は、**優先順位3番目のショー**を意識して、**「お客様を楽しませよう」**という考えで始まったようです。

組織としての指針・判断基準をしっかり示し、それを理解した上で、キャストが自立的に判断・行動をする。この番組を観て、「人が自立的に動くとはこういうことなのか」と驚いたことを覚えています。

リーダーがチームの指針・基準を示すことで、メンバーの判断が生きてくる

スポーツも同じです。一見、ピッチに立つ22人の選手がカオスのように動き回るサッカーでも、**監督が指針・判断基準を示し、選手が優先順位を意識**しながらプレーできるチームは強いのです。サッカーは1チーム11人でプレーしますので、ボール保持者には最大で10か所のパスコースがあることになります。それに加えて、ドリブルやシュートという選択もありますから、山ほどの選択肢を持っていることになります。

そんな中で、ボール保持者の個人的な好み、価値観、気分でプレー選択できるとしたら、

次にどんなプレーが起こるのか、チームメイトですら想像がつかず振り回されてしまいます。一手、二手先を予測して動く、スピーディーで華麗な連係プレーなど到底できません。

「自由」と「無秩序」は違います。自由は、その前提として、規律や責任が伴います。良い指導者は必ず、プレーを選択する際の判断基準と優先順位を示します。そして、**その範囲内でメンバーの自由な判断が保障されている**のです。それがあるからこそ、「うちのチームでは、こういう状況のときには、きっとここにパスが出るはずだ」と味方のアイディアを感じ取ることができ、一手、二手先を予測した動き出しが可能となるのです。観客を魅了する連係プレーやスピード感あふれる試合は、一定の規律の下で展開されているのです。

指揮官の指針を意識した中で11人の意図的な戦術行動があり、両チームの意図と意図とのぶつかり合いがサッカーの醍醐味となっているわけです。

２００８年、２０１２年のユーロ（ヨーロッパ選手権）、２０１０年ワールドカップを制したスペイン代表は、美しいパスサッカーで世界中の人々を魅了し一世を風靡《ふうび》しました。当時のスペイン代表デル・ボスケ監督も、「秩序なくして才能は意味をなさない」と述べていますし、「『自由を生かすための枠組み』が必要である」とも言っています（『ＪＦＡテクニカルニュースvol・54』（公益財団法人日本サッカー協会／編）より）。細かく縛るような約束事ばかりでは選手の実力発揮に制限がかかってしまいますが、**チームに指針・基準優先順位（最適解）を示すことで、初めてメンバーの判断が生きてくる**のです。

■自由と無秩序の違いを伝えよう

私の指導する大学サッカー部に入部してくる部員のなかにも、最初は「自由にやりたい」というオーラを出す学生がいます。しかし、**彼らの主張する自由はおそらく〝無秩序〟**に当たります。言い換えれば、何の一貫性もなく、その場の気分や好みで場当たり的にプレーを選択するというニュアンスです。

「選手一人ひとりが10か所のパスコースを各自の好みや気分で場当たり的に選択していては、君自身も楽しくプレーできないんじゃないか？　だって、君にいつパスが回ってくるのかさえ予測もつかないわけだし。受けるつもりのないときにパスが来たら君も困るだろう？　だったら、チームとしての判断基準があった方がみんなハッピーなんじゃないか？」

と伝えることで、徐々に理解が得られるようになります。

ちなみに私の指導するチームでは、選手にとって判断の余地がない（つまり、選択肢が1つしかない）ような約束事は「パターン」と呼んで区別しており、あくまで一定の規律の中で判断・選択ができるような指導を心掛けています。

16 まとめ

学生アスリートの皆さん、実は多くの企業には**ミッション、ビジョン、バリュー**などと呼ばれるものが存在するのをご存じですか？

そこには会社の価値観や方針、それに伴う社員一人ひとりの行動・判断の拠り所が明確に示されています。スポーツのチームづくりは社会の仕組みと共通点がたくさんあります。競技生活のなかから規律と自由のバランスを身に付けられれば、社会に出たときにも役立つと思います。就職活動では、ホームページなどでそれらを事前に確認しておくことをおすすめします。そうすると、その企業が自分の価値観と合うか合わないか前もって把握でき、就職のミスマッチを減らす効果も期待できます。

Solutions 17

ミッション、ビジョン、バリューの大切さとは

先にサラッと出てきた**ミッション（MISSION）**、**ビジョン（VISION）**、**バリュー（VALUE）**という言葉。ここで改めてきちんと説明していきたいと思います。

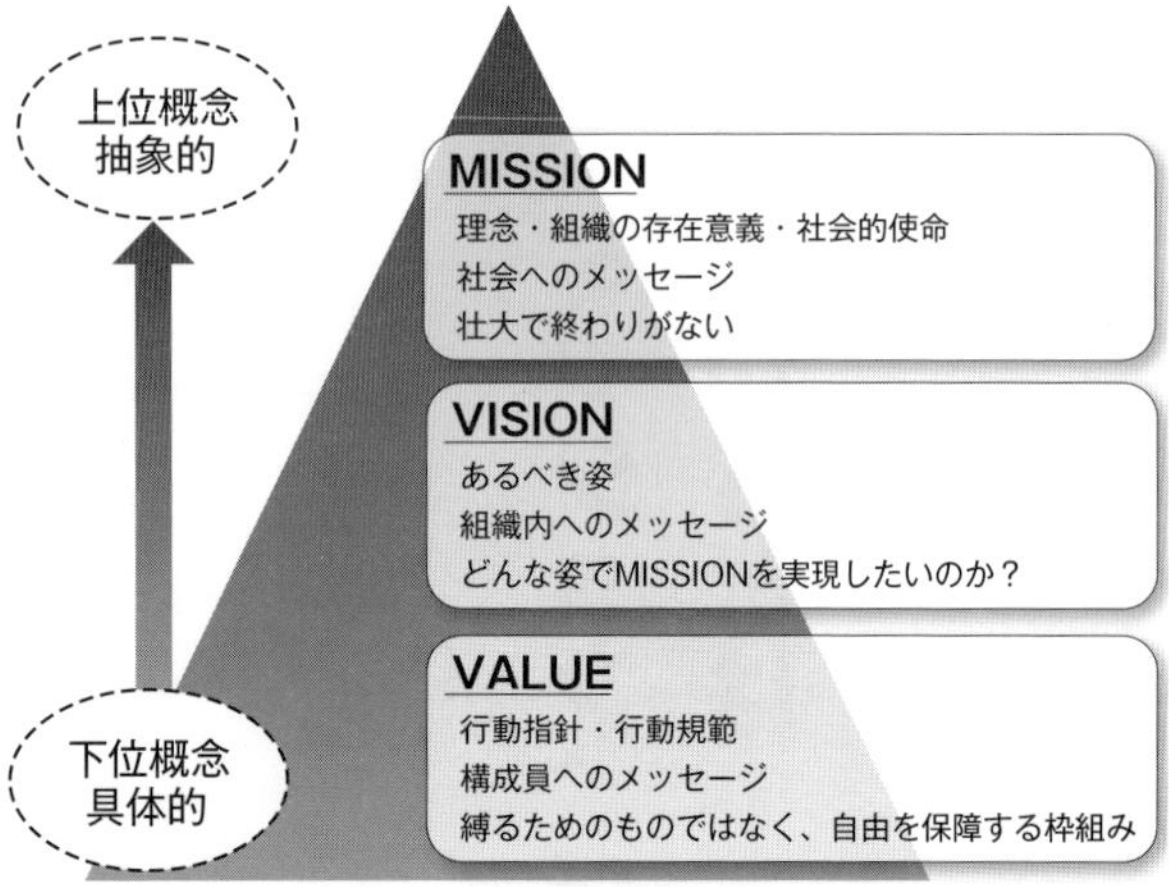

図5

すべての組織は、ある共通の価値観や理念に賛同した人が集まらないと大変なことになってしまいます。なぜなら、スタートラインからズレてしまい、あらゆる議論が噛み合わなくなってしまうからです。多様性や個性を語る以前に、まずはこの組織がどんな理想を共有した人たちの集まりなのか？　それを定義づけているのが**ミッション**だと言えます。スポーツチームでミッション、ビジョン、バリューを掲げているケースは少ないので、ここではまずビジネスを例に説明します。

ミッションは、言い換えると企業理念ともいわれ、**社会に対するメッセージ**のようなものです。短い文章のなかに、**社会的使命、存在意義**などを端的な言葉でまとめているのが一般的です。また、ミッションは抽象的かつ壮大で、ゴール（終わり）のない漠然とした表現であることが多いのも特徴です（図5参照）。

ビジョンは企業によって様々で、**「具体的な数値目標」**を掲げているケースもあります し、組織としての**「あるべき姿」**を掲げているケースもあります。いずれにしても、**対社内のメッセージ**であることが多いです。

バリューとは**行動指針**のことです。メンバーがどういう判断基準で日々の行動を起こしたらよいかがまとめられています。つまり、**対社員へのメッセージ**です。バリューは人の行動を縛るためのものではなく、**「この行動指針を意識しながら、自由な発想で行動してください」**という解釈が正しく、むしろ**メンバーの自由・個性・多様性を保障する**ために存在する、と考えた方がよいでしょう。

■東京電機大学理工学部サッカー部の例

チームとして、ミッション、ビジョン、バリューを定め、選手がそれらを常に意識して行動することで、指導者にとっても選手にとっても予想以上の成果が生まれます。それはなぜでしょう？　私の指導する東京電機大学理工学部のサッカー部の例をご紹介しながら、理由を解説します。

ミッション
「東京電機大学理工学部サッカー部に関わる人々に希望・勇気・感動を発信する」

ビジョン
①　**からだ型チーム**
②　**応援されるチーム**
③　**誇れるチーム**

私たちのサッカー部ではこんなモノを掲げています（バリューについては紙面の都合上、ここでは割愛します）。これは、監督である私のトップダウンで定めたものです。

ミッションは壮大で、「たかが大学生チームが何をカッコつけているんだ」と思われるかもしれませんが、当然これには理由があります。

小学生の試合でも、必死にボールを追いかけ、泥まみれになりながら、ベンチメンバーも一丸となって、最後まであきらめずに勝利を目指す姿を見て、私たちは純粋に心から感動することがあります。

一方でプロの試合であっても退屈で、「お金を返せ」と思うような試合もあります。人々はサッカーのレベルで感動しているわけではないということがわかります。人数は多くないかもしれませんが、私たち東京電機大学理工学部サッカー部を応援してくれる人たちは必ずいます。そんな方々に、

「勝利を約束することはできないけれど、全力で闘う姿だけは約束し、感動を持ち帰ってもらいたい。日々、それに値する取り組みをしよう」

という意味が込められています。

ビジョンは3つあります。

ここではミッションを果たすうえでの**「チームのあるべき姿」**を具体的に表現しています。

① からだ型チーム

人間のからだは、役割と特徴の違う器官・臓器などが調和して生命を維持しています。また、人間には意思があり、自由自在にからだを動かすことができます。「からだ型チーム」というのは、チームがまるで**1つの生命体**のように機能する姿を表現しています。**選手各々が特徴を生かしてしっかりと役割を果たしながら調和し、メンバー間に神経が通っているかのようにしなやかで自由自在に動けるようになる**、という理想像です。

② 応援されるチーム

フェアで清々しく、常に全力でハツラツとしていて、サッカーを心から楽しんでいる姿を通して、**観ている方々が自然と応援したくなる**ようなチームを目指す、という宣言です。

③ 誇れるチーム

勝敗や他者との比較ではなく、**〝自分たちはよくやった〟**と心から納得できるような取り組みをする、という覚悟です。

これを定めて以来、一貫してミッション、ビジョンを使ってチームの方向性を説いています。

■具体と抽象を行き来する思考を身につけることがチームを1つ上のステージに進化させる

〈具体から抽象へ〉

「なぜ遅刻したんだ」「コミュニケーションをとれ」「これをしろ」「あれはダメだ」というように、表面化する**具体的な問題行動**について、**トップダウンで細かく指摘・指示・命令**をするとどうなるでしょうか？

選手たちは「毎回、いろいろなことを言われる」「要求が多いな」と思うかもしれません。また、指導者の信念や哲学はブレていないとしても、具体的な行動への指摘を繰り返していると、「毎回言うことがコロコロ変わるリーダー」という印象（誤解）を与えかねません。

そういう**具体的な問題行動**に対して私は、チームのミッション、ビジョンを用いて問いかけていくように心がけています。

悪質なプレーをした選手には「おまえの今日の行動は、〝**応援されるチーム**〟の姿か？」と問いかけます。コミュニケーション不足でプレーがちぐはぐなときは、「1つの生命体のように機能しているか？」「役割の違いが調和しているか？」「11人がイメージを共有して自由自在に動くためには何が必要？」というように**「からだ型チーム」**について考えてもらいます。

そうすると選手たちはコミュニケーションを取り始めます。また、コミュニケーションとは「メンバー間に神経をつないで、1つの生き物のようになるための大切な作業だぞ」と日々伝えます。

このように、山ほど出てくる**具体的な問題**について、**抽象的なビジョン**を用いて考えるよう誘導していきます。**「具体から抽象」**への思考は、チーム内で起こる様々なマイナスをゼロに戻してくれる効果が強いように感じています。また、指導者が常にビジョンを用いて説明をすることで、指導者としての**一貫性**、**価値観**、**哲学**、**強い信念**を感じとるはずです。それをひたすら繰り返すことで、選手たちは「何かあったときは、ビジョンを軸にして考えればいいんだ」ということに気がつき、**自立**がスタートします。結果的に選手は、ビジョンを拠り所にしながら自らの意思で判断できる楽しさを感じ始めます。すると、指導者はあれこれと問題への対処に追われることなく、より高次のマネジメントに専念する時間が生まれてくるわけです。

〈抽象から具体へ〉

選手の意識が高まってくると、**「具体から抽象」**へと思考する習慣が身につきます。そうなったらもう1つステージを上げていきましょう。今度は**「抽象から具体へ」**と逆の発想を意識してもらいます。

例えば、「『応援されるチーム』って具体的にどんなことをしているチームかな？」と問いかけます。すると、「地域を巻き込んだ活動をしているチーム」という意見が出てくるかもしれません。その結果、地域の子どもたちを対象としたサッカースクールの企画に発展する可能性があるわけです。こちらは、**ゼロからプラスを生み出していく効果**が大きいように感じています。このように、**具体と抽象を行き来する思考を育てることで、チームが発展していく**ことでしょう。

「あり方」か？　「やり方」か？

「どうありたいか？」つまりビジョンのような少し抽象度の高いモノを追求するのか、それとも具体的なやり方や方法論を追求するかはずいぶん違ったアプローチです。やり方にこだわりが強いと、トップダウン思考に陥りやすくなって指示・命令が増えてきます。**しかし、あり方を大切にすると、やり方には寛容になり、メンバーの自由な発想を生かせるのではないかと思います。**

■道標をつくることが学生の可能性を広げる

実際に、本学サッカー部は人工芝のグラウンドが完成した２０１７年から、同じ理工系のライバル大学との定期戦を実施するようになりました。自分たちの活動を年に1回、学内外の方々に披露し、勇気・希望・感動を持ち帰っていただくという**ミッション**に基づき、学生の発案で始まりました（その時点で、私の想定を超えていました）。そのために、半年以上前から準備をスタートさせ、定期戦のお手本でもある「早慶戦」を部員全員で観戦して勉強しました（もちろん私も一緒に勉強しました）。また、**ビジョン**である「応援されるチーム」になるため、地域の中学生と保護者を招待して前座試合も行いました。学内の学生サークルなども巻き込もうという発想から、音響サークルには入場アンセムや選手紹介をお願いしています。「来年はダンスサークルにハーフタイムショーを頼もう」などなど、選手たちのアイディアは止まりません。

お世辞にもレベルが高いとはいえない試合ですが、遠方から観戦に来てくださる方々も多く、本当に感謝しかありません。ポスターづくり、駅にポスターを貼らせていただくための鉄道会社への交渉、前座試合のための中学校訪問、お客様に配布する選手名鑑づくり、当日の駐車場係や誘導など、私の指示は1つもないのに30名前後の部員がすべて行っていて、もはやすべてが私の想定をはるかに超えています。

本稿の冒頭で、

「ミッション、ビジョン、バリューを定め、選手がそれらを常に意識して行動することで、指導者にとっても選手にとっても予想以上の成果が生まれる」

と言ったのはそういう意味です。私は指導者として（ある意味トップダウンで）**ミッション**、**ビジョン**を示し、チームの拠り所となる**道標**をつくりました。選手はその方針を尊重しながら自由に発想し、個性や多様性を生かしてミッションを果たそうとする、そんな関係性が生まれました。

私の勤務する大学はサッカーに力を入れているわけではなく、未経験者でも入部してきます。ですから、なかなか勝利という形で証明できていない点は歯がゆいところですが、よいマインドを持った社会人を輩出することが最大の使命だと思っています。

私の指導するチームのことだけでは説得力に欠けると思いますので、実際にミッション、ビジョン、バリューを浸透させて、着実に成果を上げてきた監督の事例を紹介します。

■行動規範がチームのDNAをつくる

2012年~2016年の5年間でJ1サンフレッチェ広島を3度のJリーグチャンピオンに導いた森保一監督（当時）です。現日本代表監督である森保さんがサンフレッチェ広島の監督に就任した2012年にいきなり優勝、続く2013年には連覇、2015年には3度目の優勝を果たしました。決して予算規模で優位なクラブではありませんので、大金を使った選手獲得はできません。また、優勝するたびに主力が引き抜かれていきましたので、毎年のチーム編成も大変だったと思います。

しかし、伝統あるこのクラブは偉大な先輩たちから受け継いだものをきちんと明文化していました。そしてクラブＯＢである森保さんが、それを**自然体で実践していた**ことが大きな成功の秘訣だと思っています。ぜひ、サンフレッチェ広島のホームページから「行動規範」を探してみてください（https://www.sanfrecce.co.jp/club/rule.html）。

「理念」「行動指針」「サンフレッチェのプレースタイル」「望まれる選手像」というものが具体的かつ明確に謳われています。森保さんが**一貫してこの軸をブラさずに日々の指導に当たってきた**ことが成功の一因だと思っています。

理念として「サッカー事業を通じて夢と感動を共有し、地域に貢献する」と掲げており、続けて11個の行動指針も明記されています。ここでは、行動指針の1つである**「フェアプレー」**について詳しくみていくことにします。

■「フェアプレー」

「いかなるときも、『1．レフェリーに対する抗議や暴言』『2．相手への報復行為』『3．足を蹴る、引っ張るなどの悪質なプレー』をおこなわない」

と記されています。フェアプレーを掲げるクラブはたくさんあると思いますが、「お飾り」になってしまっているケースがほとんどでしょう。

しかし、森保さんはこの点もきっちりと選手に浸透させてきました。監督在任期間5シーズンすべてで「フェアプレー賞」を受賞しました。

特筆すべきは、歴代の優勝とフェアプレー賞（※高円宮杯）の同時受賞は、Jリーグ25年の歴史の中でもサンフレッチェ広島だけだという事実です。２０１５年7月26日付Web Sportiva（https://sportiva.shueisha.co.jp/）の記事（文：木村元彦氏）によると、「２０１２年から2年続けての優勝も嬉しいのですが、同時にフェアプレー賞、高円宮杯を一緒に取れたのはサンフレッチェ広島だけなんです。」という森保さんのコメントが記されています。

この話は私も森保さんご本人からうかがったことがありますが、クラブが大切にしている価値観を守りながら優勝できたことに対して、特に誇りをお持ちのように感じました。

※Jリーグフェアプレー賞は、反則ポイント数が基準値以下だった全チームが受賞となるが、その中で最も反則ポイントが少なかったチームに高円宮杯が授与される。２０１６年優勝の鹿島アントラーズはフェアプレー賞を受賞しているが、高円宮杯はサンフレッチェ広島だった。

■〝世界のなでしこになる〟

２０１１年に世界一に輝いたサッカー女子日本代表（なでしこＪＡＰＡＮ）も、**〝世界のなでしこになる〟**というビジョンの下、**「ひたむき」「芯が強い」「明るい」「礼儀正しい」**を追求しました（ＪＦＡホームページ参照。http://www.jfa.jp/women/nadeshiko_vision/）。結果的にそれをピッチ内外でキッチリと浸透させたことで、本当に〝世界のなでしこ〟になることができました。ただ強いだけでなく、日本人女性らしく「礼儀正しさ」も忘れずにプレーしたことで、ワールドカップ優勝だけでなく、こちらもフェアプレー賞を同時受賞という快挙を成し遂げました。

17　ま と め ▼▼▼

ミッション、ビジョン、バリューはチームがどのような道筋で目的・目標にたどり着きたいのかを示す重要な指針になります。まずは指導者が自らの哲学や方針をしっかりと整理することからスタートします。それがなければ選手を迷子にさせてしまいます。相当な時間がかかりますが、これらを整理して選手に正しく理解・浸透させること、そしてそれを拠り所にして選手の自立を促していけば、**「脱 トップダウン」で指導者の想定を超えた成果**が上げられるかもしれません。

Solutions 18

役割分担で多様性を武器にする

目標達成に向けてチームが機能するために、個々の役割が存在しています。

まずはビジネスシーンに目を向けてみましょう。例えば、私が勤めている東京電機大学では事務部という部署があり、その中に学生厚生担当、教務担当、庶務担当などの役割があります。学生厚生担当の中にも役割が細分化され、学生の課外活動（部活やサークル）関連を担当している人、就職サポート関連を担当している人などがいます。

会社組織にも人事や経理といった部署があり、その中でも役割が細分化されていることがほとんどです。

各種スポーツにもポジションなどの役割が存在していることを考えれば、ビジネスと無関係ではありません。

学生アスリートの皆さんは今後社会に出ていくことになりますので、本稿が**スポーツとビジネスとの親和性**に気づき、**思考の変換装置**をつくり出すきっかけとなれればと思っています。

■役割分担のメリット、デメリット

さて、突然ですが、皆さんは**役割分担のメリットやデメリット**を考えたことはありますか？

小学校時代から当たり前のように役割が存在するなかで育ってきたため、メリットやデメリットなど考えたこともない、という方がほとんどではないかと思います。ここで改めて整理してみましょう。

まず**メリット**としては、

・やるべきことが明確
・責任の所在も明確
・エネルギーを注ぎやすい
・専門性を生かせる

・サボりを防止できる

という点が挙げられます。まさに、それぞれの得意分野・専門性、多様性を生かすことで、役割分担は機能します。

では、いったい**デメリット**は何なのでしょうか？　役割分担を採用すると、
・分担以外のことに無関心になりやすい
・「自分はしっかりやっているのにあいつがサボっている」など、責任転嫁の原因となる
・分担の境界線でミスが起こりやすい
・（責任が明確なため）プレッシャーを感じてしまう人がいる
・分担以上の仕事をしなくなる
・だれかが分担を果たせなくなると全体が機能不全に陥る

こうやって整理してみると、案外デメリットに心当たりがある方も多いのではないでしょうか？　そもそもなぜ分担しているかというと、目標を効率よく達成するためです。しかし、安易に分担制を採用するとこれらの落とし穴にハマってしまいます。

■チームの目標を意識しながら役割を果たす

サッカーならば、わかりやすいのはゴールキーパーです。

「ゴールキーパーの役割は何ですか?」と聞けば、おそらく多くの人が「ゴールを守ること」と答えるでしょう。しかし、そもそもチームは試合に勝つことを目指しています。そこから11人にポジションと役割が与えられます。ゴールキーパーというポジションは「主にゴールを守る」という役割を担うだけであり、すべての意識はチームの勝利に向いていなければなりません。

したがって、「失点されなければ俺の責任は果たした」ではなく、状況によってはゴールキーパーが攻めていくこともあるのです。勝たなければならないチームのゴールキーパーが、試合終了直前に自陣のゴールを捨てて相手のゴール前まで攻め上がり、勝利を目指す姿を見たことがあるのではないでしょうか?

つまり、**「チームの目標を意識しながら役割を果たす」**ことが何より大切なのです。

例えば、2014年J1リーグJ1昇格プレーオフでは、負けたら（下位チームは引き分けでも）終わりのノックアウト方式だったため、モンテディオ山形のゴールキーパーの山岸範宏選手（当時）は残り時間わずかのタイミングでゴール前に攻め上がり決勝ゴールを決めていますし、記憶に新しい2018年12月8日のJ1昇格プレーオフ2回戦でも東京ヴェルディのゴールキーパー上福元直人選手が攻め上がり、アディショナルタイムでのドウグラス・ヴィエイラ選手（現サンフレッチェ広島）のゴールを演出しました。

彼らの主な役割はゴールを守ること。でもその役割をきっちり果たしたとしても**「チームが勝てなければ意味がない」「すべての役割はチームの成功のためにある」**ということです。

本稿冒頭に書いたとおり、本書は学生アスリートの皆さんにスポーツとビジネスとの親性に気づいてもらいたいと思っていますので、ここではビジネスシーンへの思考の変換をしてみましょう。

分担を越えて、上位目標を意識した連係

多くの企業で、**「お客様の満足」**と**「利潤の追求」**は無視できない大きなテーマのはずです。それを実現するために役割分担が存在しています。

例えば、分担があることによって部署間で壁ができてしまうと、「製造部の俺たちは指示に振りまわされながらもなんとか納期に間に合わせるために毎日必死なんだよ！」「営業としては精いっぱいやっているけれど、企画部や開発部が世の中のニーズを捉え切れていないから売れないんだ」などと仲間割れや責任転嫁が生じることもあります。

本当は1つの会社として一丸となって解決していくべき問題ですが、部署ごとの争いになりかねません。ライバル他社と差をつけ、業界をリードしていく上で、**本来戦う対象は「外」**にいるはずです。

しかし、役割分担が裏目に出てしまうと、内部分裂の危機となり、戦う対象が「内」に向いてしまうのです。そんなふうに内輪で争って、お互いを陰で批判し合ったり、文句を言い合ったりしているチームが強いはずがありませんから、身内での消耗戦は是が非でも避けたいところです。

では、どうすればよいのでしょうか？

「役割を果たす」という下位目標に縛られず、役割分担の壁を越えて上位目標の共有を徹

底していく意識が重要です。そして、**「役割と役割はつながっている」「本来は不可分なものを切り分けて担当している」**という意識を根づかせることも大切です。

営業部は社外のお客様と接触する機会が一番多く、ニーズをダイレクトに感じ取れる部署です。だからこそ、部署の壁を越えて企画部や開発部にその情報を提供すればいいと思いませんか？営業部からニーズを受け取った開発部は、コストとの折り合いに苦労しながら新製品を生み出します。

今度は、開発部の苦労を背負って営業部がお客様のもとで心のこもったプレゼンをすれば、全社一丸で仕事ができるはずです。さらに、営業の感触が良いときは、増産体制に入る可能性があることを購買部や製造部にあらかじめ伝えておけば、いきなり増産指示をされて困ることもなくスムーズです。役割分担による仲間意識が仲間割れを生むようでは本末転倒です。**分担を越えて、上位目標（＝チームの目標）を意識した連係**が必要なのです。

18 まとめ

学生アスリートの皆さん、スポーツとビジネスの思考変換はできたでしょうか？

チームスポーツであれば、勝利のために各々が役割を全うする必要があります。が、その役割を越えて負担を分け合うことも時には必要です。

「仲間がミスをしたけど、俺のミスではないからいいや」

という発想では勝てません。

野球の2番打者のように、〝送りバント〟という**地味で自己犠牲的な役割**の選手もチームには欠かせないピースです。自分は全く目立てず、手柄は3、4、5番のクリーンアップが持っていくこともあるでしょう。しかし、仮に手柄はだれかに持っていかれたとしても、チームの目標が達成できたなら、その一員として**自分に誇りを持っていい**と思います。**役割はチームの目標達成のために存在するのです。**あなたの特徴をチームの勝利のために役立てることが何より大切なのです。メンバー個々の多様性が役割となり、その役割が機能してチームの勝利につながることが理想です。

Solutions **19**

「心の安全」を担保しつつ、「違い」、「多様性」を重視する

集団の中にいて、人と違うことがあると不安を感じる人、マイノリティでいるよりマジョリティでいる方が安心できる人はかなり多いと思います。チーム全員が同じ考えだと「さぞかしチームワークが良いだろう」などと思ってしまいます。

しかし、それは危機に脆《もろ》いチームを意味します。なぜなら、**多様性**がなければ不測の事態に対応できないからです。

「強いものが生き残るわけではない。賢いものが生き残るわけでもない。唯一生き残るのは変化できるものである」

「種の起源」で有名な生物学者ダーウィンの言葉として知られています（実際にダーウィンの言葉なのかは諸説あるようです）。一般的には「外部環境の変化に適応できずに滅びた生物、それに適応して生き残る生物の違いは〝多様性〟にある」という意味で広く知られた言葉です。

チームにおいても、**ミッションやビジョンを共有した上で多様性を発揮すること**、それを発揮するための**「心の安全」が担保**されていることが重要なのです。

■「違い」を武器に

第1章で詳しく取り上げましたが、メンバーの発想や特徴の**「違い」**こそが、チームにとっては大きな武器になるのです。「違い」を**認め合えるチーム**、「違い」を**学びの材料にできるチーム**、そんな**「心の安全」**が担保されたチームは永続的に発展します。

一人ひとりの「違い」は、なくそうと思っても永遠になくならない枯渇無縁の資源だからです。この無限に溢れる資源をチームの活性化につなげない手はありません。

残念ながら多くのチームが一人ひとりの「違い」を生かしきれていません。そして、その大きすぎる代償（ロス）に気づいていないのが現状です。ついつい、自分と違うもの、異質な考えにアレルギー反応を示して排除したくなるのが人間ですが、それを学びや成長のチャンスと捉える発想が何より大切です。

チームワークの実現は、自分と違うものを排除・非難する人間的な弱さの克服からスタートするのだと感じています。

「自分は完璧とはほど遠い存在である」という謙虚さと、**「違いは武器だ」**という気づきを得た人から順に、チームメイトと高度な協力関係を構築し、**シナジーを起こす**ことができるのだと思います。

そして、それをチーム全員が実践できるようになったとき、多様性による適応力を手に入れることができるのです。適応力のあるチームは危機に強く、まさにピンチをチャンスに変える力を秘めていると思います。

■「リスペクト」と「遠慮」は同義ではない

スポーツ界でよくある問題は、優秀な選手が集まったチームにおいて、選手同士がお互いのキャリアやプライドに配慮しすぎた結果、真剣な議論ができない、という落とし穴にはまってしまうことです。**リスペクトと遠慮は同義ではありません。**そうなると、高い年俸を払って能力の高い選手をかき集めても（特待生で授業料免除の選手をたくさん集めても）一体感が感じられず、思ったほどの成績が出せないまま終わってしまいます。

「波風立たせないために黙っている」という考えは一見するとチームワーク行動のようですが、実は**「チームワーク違反」**に該当するのです。

■多様性を重視する

本書で何度か登場しているサッカー元日本代表監督の岡田武史さんは、2010年南アフリカワールドカップで日本を見事ベスト16へと導きました。そのスタッフには**自分と考えの異なるコーチ**として大木武さん（現J2 FC岐阜監督）を人選したと言います。つまり、岡田さんは自分一人の限界や考えの偏りを理解したうえで、**異なる考えの持ち主にも耳を傾けて選択肢を増やし、よりよい決断をしよう**としたのだと思います。大木さん自身も、そういう意味で入閣したという自覚をお持ちでした。

このエピソードから、チームづくりの初期段階であるスタッフ選びの時点で、岡田さんはすでに自分一人のトップダウン思考ではなく、**多様性を重視**していたということがわかります。自分の理解者やイエスマンで固めた方が居心地がいいのは間違いありませんが、それを選択した場合は多様性と適応力を失うことになるのです。

19 まとめ

その次の2014年ブラジルワールドカップを指揮したアルベルト・ザッケローニ監督は、最終的な選手選考の際、「日本に空中戦の文化はない」という決断を下し、何度か招集してきた長身フォワード、ハーフナーマイク選手や豊田陽平選手を選外としました。この決断には、監督の強い覚悟が感じられたことを今でも覚えています。確かに、日本は強豪国と比べて身体的なアドバンテージはありませんので、空中戦（ロングボール）に頼るサッカーは日本の基本路線とは言えません。

つまり、「日本に空中戦の文化はない」という発言の意図としては、「地上戦」＝グラウンダーのパスをつなぐサッカーに特化したメンバーを選出した、というメッセージが込められていたと読み取れます。

しかし、結果的に予選リーグでは1戦目のコートジボワール戦から苦戦を強いられ、ビハインドで迎えた試合終盤にはゴール前にロングボールを蹴り込む作戦に出ていることで、「空中戦の文化がないと言い切ったのに空中戦に頼った時点で万策尽きている」とか「やはり長身フォワードは必要だったのではないか？」というメディアの論調があったことは事実です。

（リスクを負って）鋭くとがらせた1つの武器に特化するか？

それとも、あらゆる場面への適応力を高めるために多様性を重視するか？

というなかで、選択が裏目に出た事例と言えるでしょう。

結果論ではありますが、タイムマシンで未来からアドバイスできたとしたら、この大会を勝ち上がるためには、

「監督・チームとしての方針や基本路線は大切にしつつも、あらゆる状況に対応できる準備（多様性を見いだせるメンバー選考）も必要だった」

ということになると思います（スポーツに決断はつきものですから、ザッケローニ監督を否定する意図は一切ありません。むしろ、大きな決断をされたことで「1つの示唆を得た」と考えています。）。

方針を守ることが目的になっていないか

第1章でご紹介した女子バレーボールの酒井監督に関する記事では、次のようなことが書かれています。

「能力も高く、自己主張もする。時に激しくぶつかり合う選手を束ねるために重視したのは『個の長所をいかにチームの武器にするか』だった。たとえサーブターゲットやゾーンが決まっていたとしても、それを意識しすぎて中途半端なスイングになるぐらいなら、思い切ってスイングできるコースに打て、と指示をした。約束事があって、優先順位があったとしても、絶対こうしなきゃいけないと、はめ込む必要はない」

このコメントからは、方針や基本路線は大切にしつつも、それに縛られることなく、選手たちの多様性や状況に応じた納得解を重視していることが読み取れます。

「弱点を補う」から「強みを生かす」へ

皆さんはご自分やチームメイトの良いところが目につきますか？ それとも足りないところが目につきますか？

本書で何度かご紹介しているとおり、私の勤務する東京電機大学はスポーツを強化する方針ではありませんので、運動部にスポーツ推薦はありません。それどころかサッカー部には、高校時代はテニス部、陸上部、剣道部、水泳部、野球部……というように、大学に入ってからサッカーを始める学生が何人もいます。それでも、真剣にサッカーをやりたい、と思って門を叩いてくれた気持ちに応えたく、まずは練習参加で雰囲気を感じてもらい、私からチームのミッション、ビジョンなどを丁寧に説明し、本人の意思確認を経て正式に入部手続きを進めます。

私は「未経験者にもできる貢献は必ずあるよ」と伝えています。例えば、水泳や陸上などの個人競技は風邪をひいてダウンしたら試合そのものに出場できませんが、サッカーやバスケットボールなどのチーム競技は仮に一人が風邪をひいても試合は成立してしまいます。その点で**個人競技をしてきた学生はサッカー経験者よりも自己管理の意識が格段に高い**わけです。「未経験だからといって遠慮することはない。サッカー経験者たちに良い刺激を与えてくれよ」と伝えて入部を歓迎しています。

もちろん、未経験者も混ざっている状況ですから、試合で勝つことは簡単なことではありません。しかし、皆の特徴をうまく組み合わせて、学生の本気を引き出すことができれば、リーグ戦でもなんとか互角に闘うことも可能だとわかってきました。数年前にはリーグ戦で準優勝することができ、上位リーグへの入れ替え戦まで進んだこともありました。

本稿では、**逆転の発想を用いたチーム活性化**について話をしたいと思います。

■素材を生かすチームづくりを

話は変わりますが、「今年のチームは去年と違って個の能力が低くて……」と自チームを憂いている指導者にしばしば出会います。もちろん、その気持ちは痛いほどわかります。なぜなら、私の指導する大学のサッカー部も全く同じ状況だからです。熱心な指導者ほど深みにはまり、メンバーの欠点ばかりが目に付くものです。

しかし、不満を言っても始まりませんし、このメンバーで何ができるかを試されているわけです。そこで私が指導するサッカー部で過去に実践し、手応えのあった方法をご紹介します。

「オレは〜しかできない」というネガティブな表現を封印し、逆転の発想で**「オレは〜ならできる」**というプラスの表現に変えてみるのです。こうやって、**素材を生かすチームづくり**がスタートしました。

■「〜しかできない」から「〜ならできる」を引き出す

例えば、サッカーの場合、指導者やチームメイトから「おまえ下手くそだな、もっと技術をつけろ」とか「ヘディングしかできない」「走るだけの選手」のようなネガティブ評価を受けている人が少なからずいます。長いこと一緒にプレーするうちに先入観に支配されてしまい、**せっかくの良い部分が全く見えていない状況**に陥ってしまうようです。

あるとき私は、せっかくだったら足りないところを補完するだけのチームワークより、**長所をお互いに引き出すチームワークを目指したい**と思いました。そこで合宿の夜、ミーティングの時間に「私は〜ならできる」というプラスの宣言をしてもらいました。そして、翌日の紅白戦のチーム分けをし、「〜ならできる」を軸にポジション、作戦を決めていきました。

するとおもしろいことが起こりました。パスカットなら得意な選手、ヘディングなら自信のある選手、ロングフィードならできる選手、守備で身体が張れる選手、スピードなら負けない選手、戦術理解が高くてコーチングならできる選手、ロングスローができる選手……。翌日の紅白戦は当然のように白熱しました。しかも、「パスカットが得意」と言っていた選手はハーフタイムに「俺はこの角度からのパスカットが特に自信あるから、相手をわざとこっち側に追い込んでくれ」などと、より自分が活躍できるよう周囲に働きかける姿が見られました。

漠然としていた自分の強みがより具体的になった瞬間でした。

■お互いの長所を生かす好循環が生まれるチームに

前日夜のミーティング時、私は選手たちに「『～ならできる』という発想に基づいて、先入観を取り除いてポジションを考えてほしい」ということをお願いしておきました。

そうすることで、今まではお互いの短所を補完し合うためのポジションでしたが、今度は全員が自分の長所を生かせるポジションを手に入れることになります。「あれもできない」「これもできない」というネガティブ発想でいると、素晴らしい長所を台なしにしてしまうかもしれませんが、「～ならできる」という発想で作戦を組み立てると、**今まで気づかなかった新たな可能性が見えてきます。**また、私の目からは嚙み合わないコンビだと思っていた2人を上手に組み合わせる発想も生まれ、私自身も選手たちから多くのことを学びました。

A君の長所を生かすために、B君の長所が活用される、という好循環ができあがると、チームに活力がみなぎります。そして、自分の強みに期待してくれた仲間の思いに応えたい、という気持ちも強くなったことでしょう。実際に紅白戦では、お互いの意図がはっきりと感じ取れ、まさに選手が主役の試合となりました。これをきっかけに**「選手の強みをもっと引き出さねば」**と自戒の念が生まれたことを覚えています。

■「逆転の発想」をチーム運営に生かすには

これは競技面に限ったことではありません。東京電機大学理工学部サッカー部では、基本的にサッカー以外のすべての運営を学生が主体となって進めています。それが社会に巣立ったときに絶対に役立つと確信しているからです。**実は、運営面もそれぞれが強みを持ち寄って成り立っています。**

例えば、

「情報発信や広報の仕事はインスタが好きなおまえに任せるよ」「人前に出るのは苦じゃないから、外部団体との折衝は俺がやるよ」「サッカー経験が浅くてプレーでなかなか貢献できないから、グラウンド予約は僕がやります」「下級生との面談、先生の代わりにぼくら上級生でやります！」「試合の映像編集は任せてください」

といった具合に、自分が得意なこと、苦にならないことを中心に、どんどんチーム運営が進んでいくようになってきています。

しかし、まだまだチームに依存しているメンバーも多いので、彼らが「〜しかできない」という消極的な発想から脱却し、できることに自信をもち、「もっとチームに貢献したい」「もっと喜んでもらいたい」という**内発的モチベーション**に移行していくことに期待している段階です。

チーム運営については「自分が得意なことで貢献する」という方針を私が示し、あとは選手の多様性を生かして実践している、といった具合です。最後にその長所をどのように組み合わせて配置し、流れをつくっていくかを考えていけばよいのです。

■モチベーションが生まれると、自ずと「短所の改善」に取り組む

選手のパフォーマンスに満足できず理想と現実のギャップに頭を悩ませている場合、まず個々の長所に着目してみてください。

自分の強みで**チームに貢献できる喜び**を味わってもらうことが、次の意欲の源泉となるはずです。**メンバーの自己有能感や自己効力感を高めていくことでモチベーションが生まれます。**もっと活躍したいと思ったとき、自ら短所の改善に着手するかもしれません。

■足りないものよりも今あるものの強みをうまく組み合わせる

サッカー日本代表の森保一監督は、かつて率いていたサンフレッチェ広島を5年で3度のJリーグチャンピオンに導きました。森保さんの偉業には、驚くべきことが2つあります。

1つ目は、チームの予算規模としては決して上位ではなかったこと、つまりスター集団ではなかったこと。

2つ目は、優勝しても主力選手を他チームに引き抜かれ、定着する前に次々と顔ぶれが変わっていること。

それなのに、どのようにして5年で3回の優勝を成し遂げたのでしょうか?

森保さんの著書『プロサッカー監督の仕事』(KANZEN 2014年)には次のようなことが書かれています。

「人が変わればチームの再構築が必要となります。(中略)せっかく優勝しても、上積みよりも基礎的な部分の再構築からスタートしなければいけないという苦労はどうしてもありました。(中略)新たな選手がフィットし、チームに新しい化学反応が生まれる楽しみを感じながら仕事しようと考えています。」

私も森保さんご本人から同様の話を聞いたことがあります。

優勝したときと同じようなチームを作ろうとすると、足りないモノが目立ち悲観的になってしまうため、**メンバーの長所を組み合わせること**を心掛けたのだと思います。

20 まとめ

現代では人、モノ、金、情報は大切な資源と言われていますが、すべてに恵まれているチームはごく一部です。ほとんどのチームは、何かしら不都合を抱えているなかで、競合と勝負をしなければなりません。

スポーツに限らず、ビジネスも同じだと思いませんか?

だからこそ、今目の前にいるメンバーを大切にしてください。「しかできない」から「ならできる」に発想を転換することが大切です。また、メンバーが変わったら、同じやり方に固執するのではなく、メンバーの長所を理解したうえで、ある程度柔軟にチームをつくることが大切です。

Solutions 21

自己実現のために効果的に仲間を頼ろう

私たちが日常的に使っている**「自立」**という言葉、これはいったいどういう意味なのでしょうか？

一般的には、**身体的自立、精神的自立、経済的自立**など、自立にもいくつかの側面があると言われています。辞書的な意味では**「自分以外のものの助けや支配を受けずに、自分の力でものごとを成し遂げていくこと」**となっています。

しかし、チームワークという視点でみると、必ずしもそうではないと思っています。なぜなら、チームの場合は、良くも悪くもお互いに影響を与え合うからです。これはあくまで私個人の意見ですが、チームの中での自立とは、

「自己実現のために効果的に仲間を頼ること」

と解釈しています。

〝仲間を頼る〟という、辞書とは対極のようなことを書いて、まるで手抜きを容認しているような誤解が生じてはいけませんので、ここからその理由を説明していきたいと思います。

仲間を頼ろう

十人十色という言葉のとおり、人は皆、育ちも好みもクセも価値観も、すべてが違います。得意分野も苦手分野も皆それぞれ違います。また、すべてのことを完璧にこなせるパーフェクトな人も存在しません。それなのに、だれからの助けも受けずにものごとを成し遂げていくのは困難だと思うのです。もしできるとしたら、それはものすごく小さいことに限定されてしまいます。大きなことを成し遂げようと思えば思うほど、あらゆる分野にまたがって仕事をしなければなりませんので、ますます一人では困難になっていきます。

この考えが、先ほどの自立とは**「自己実現のために効果的に仲間に頼ること」**という言葉につながってくるのです。

個人で成し遂げることが困難な場合や、自分よりその分野に長けている人がいる場合は、シンプルに仲間を頼ることも1つの方法だと考えています。苦手なことを一人でやり抜こうとするとそれだけで効率が悪くなります。越えることができない壁を前に、延々と時間を浪費することにもなってしまいます。「それでも一人でやり抜くことが大切か？」と問われると、必ずしもそうではないと思います。

より自分の能力を発揮できる環境をつくるために、**「仲間を頼ろう」**と自ら行動を起こすことも自立した人間だからこそできることだと思うのです**（ただし、手抜きを容認しているのではなく、チームの要求レベルに達するための最低限度の自己研鑽は必要不可欠です。）**。

■WIN-WINの関係

改めて、頼ることの**良い面**と**悪い面**を整理してみたいと思います。頼ることによって「お互い〝成長〟できる」「より大きなことが成し遂げられる」、つまり**1+1>2**のような**〝高度な協力関係〟**を構築できる場合は、**頼るのも良いこと**だと思います。

一方、**頼ることが良くない**ケースもあります。

例えば大学生が「俺の代わりにレポートやっておいて」と友達に頼むような、成長につながらない場合です。

先ほど、〝高度な協力関係〟とご紹介しましたが、他の表現で言い換えてみると、ビジネス界でよく用いられる**「WIN-WINの関係」**に似ています。

■強みを最大化し合う

サッカー元日本代表の秋田豊氏は、空中戦（ヘディング）がめっぽう強い屈強なセンターバックとして活躍しました。クラブでは、鹿島アントラーズで数々のタイトル獲得に貢献しました。

そんな秋田さんは、「俺はヘディングで家を2軒建てた」とジョークを飛ばすほど、ヘディングに自信をもっていました。が、秋田さんがその強みを生かすためには、もう一人のセンターバックとの相性が大切だったのです。

「特に相性が良かったのは奥野（僚右）さん。奥野さんはセンターバックとしては小柄だったけど、スピードがあって背後のスペースをカバーしてくれたから、安心してヘディングで相手に競り合えた」

と言っています。

小柄な奥野さんを補うヘディングが得意な秋田さん、絶妙なカバーリングと知的な読みで秋田さんの不安要素だったスピードを補う奥野さん、という構図は、単なる弱点の埋め合わせにとどまらず、**強みを最大化し合う最強のコンビ**だったことがうかがえます。

もしも秋田さんが、「自分以外のものの助けを受けずに、自分の力でものごとを成し遂げていくこと」という**辞書的な意味での自立を目指した**としたら、苦手を克服することに時間を空費していたことでしょう。

メンバーの相互作用を引き出す

仮に、仲間を頼らずに自分の力でやり遂げようとした場合、それぞれ「**7**」のことしかできない二人がいるとします。しかし、先ほどの秋田さんと奥野さんの例のように、お互いが効果的に頼り合えば、弱みを補い合うことはもちろんのこと、強みも最大化させることができ、**二人で「20」になるようになる関係性**もあるわけです。
これが**W－N－W－Nの関係**です。

これはスポーツだけに留まらず、すべての分野に共通することだと思いませんか？

ビジネスにおいても、**自分の強み弱み**を理解したうえで、さらに上のステージを目指しために仲間と協力関係を築こうと考え、**自ら一歩踏み出すことも1つの自立の姿**です。

個人の能力差はあるにせよ、人はみな一人では大きなことを成し遂げるのは困難です。だからこそチームの環境を整えて、もっともっと**メンバーの相互作用を引き出す**のが指導者の役割だと認識しています。

■もっとコーチを頼りなさい

ここまで触れてきたことは、シンクロナイズドスイミング（アーティスティックスイミング）で著名な井村雅代コーチの著書『井村雅代コーチの結果を出す力』（ＰＨＰ研究所　２０１６年）の中で書かれていた「もっとコーチを頼りなさい」という言葉とも重なると思っています。

井村さんは指導者として日本に山ほどのメダルをもたらしてくれました。また、２００８年北京オリンピック、２０１２年ロンドンオリンピックでは中国代表コーチとして活躍され、日本以外の国のメダル獲得にも貢献されました。さらに、日本代表コーチに復帰した２０１６年リオデジャネイロオリンピックでは日本を12年ぶりのメダル獲得に導きました。もはや、だれもが知っている説明不要の名コーチです。

その井村さんの著書には、

「今の若い人たちは**「自主性」**を勘違いしている。何でもかんでも一人でやらなければならないと思っている。自分の考えだけでやり続けてもやがて壁にぶつかり、そこを突破することができない。そのためにコーチがいる」

ということが書かれています。

だからこそ、

「もっとコーチを頼りなさい」

とおっしゃっているわけです。

■「頼る」という言葉の二面性

繰り返しになりますが、完璧な人はこの世にいません。何かが得意で何かが苦手、そんな人が集まってチームを形成し、１つの目標に向かっています。お互いの強みをうまく組み合わせ、またお互いの弱みを補完し合うことによって、一人では成し遂げられないような大きなことにもチャレンジできる、これがチームだと考えます。

私なりの解釈をもう一度詳しく解説すると、チームの中で個人が自立するということは、**「強みと弱みをしっかりと自己認識し、そのうえで特徴の違うチームメイトと高度な協力関係を構築することで自らの強みを最大化し、自己実現を果たしていくこと」**ではないかと考えています。

また、そんなメンバーが集まって1つの目標に向かえば、自ずと良いチームができる気がします。

人の成長・能力の開発・可能性の拡大につながる高度な関係性か、それともつながらない低レベルな関係性か。ひとことで**「頼る」**と言っても正反対の性質をもっていることに気づかされます。

21 まとめ

ビジネスシーンでは当たり前に使われている**「WIN-WIN」**という考え方を、今回は

「自立」という切り口から改めて整理してみました。

決してお互いがぬるま湯に浸るのではなく、それぞれの武器をとがらせる努力をした上での協力関係が重要だということです。自分には強みもあるけれどできないこともたくさんある、という謙虚な姿勢のもと、真に自立した人間たちの高度な協力関係によって、お互いが自己実現に向かっている状態をＷＩＮ－ＷＩＮと呼ぶのではないでしょうか？

皆さんのチームにも当てはめてみてください。

一緒に闘うメンバー、指導者、サポートしてくれる様々な人たちとＷＩＮ－ＷＩＮの関係を築けると、そのチームはまちがいなく発展することでしょう。ちなみに、ＷＩＮ－ＷＩＮの関係と似た言葉として、**「共存共栄」**、**「GIVE&TAKE」**、**「もちつもたれつ」**などがあります。いずれも、**お互いの成長を大切にしながら使いたい言葉**です。

選手が自ら成長していける切磋琢磨の環境づくりをしよう

良いチームは1＋1が2以上になる

という言葉を聞いたことがある人は多いと思います。

しかし、実際にそんな体験をしたことがある人は少ないのではないでしょうか？　私の経験上、1＋1＞2はおろか、1＋1＝2のチームづくりさえもなかなか難しいことだと思っています。

■1＋1＞2　1＋1＝2　1＋1＜2

サッカーのパスを例にとってみましょう。パス練習で、10回蹴って10回ともピタリと的に当てることができる選手がいるとします。つまりパーフェクトなパス技術をもっていると仮定します。そんな選手がいたとしたら〝きっとパスミスは起こらないだろう〟と思ってしまいそうですが、そんなことはありません。

なぜでしょうか？

実際の試合ではパスの受け手がいて、その選手も意図をもって動いています。味方選手がどこでパスを受けたいのか、という意図を正しくくみ取る力を併せもっていなければ、正確なパス技術を生かすことさえできないのです。

つまり、どれだけ技術がある選手が集まっても、**コミュニケーションがスムーズでなければ1＋1＜2になってしまう**可能性はあるのです。俗に言う、チグハグなプレーというやつです。

そうやって考えると、個々のもっている力をチームの中でキッチリと組み合わせて発揮する、すなわち1＋1＝2の状態をつくることも意外に難しいことなのです。

他にも、1＋1＜2にしてしまう要素があります。それは、指導者が不用意に競争意識を煽《あお》ることで起きる〝**蹴落とし合い**〟のような状況です。多くの指導者が**正しい競争意識**を生み出すために苦労をしていることと思いますが、次のエピソードは1つのヒントになるかもしれません。

■みんなで成長しよう

ここで、Jリーグのプレシーズンキャンプの事例をご紹介します。前出の手倉森さんがJ

１ベガルタ仙台で監督をしていた２０１２年、宮崎キャンプのホテルでうかがった話です。

寒さや雪と無縁のチームであれば、年末年始のオフ明け（１月半ば）から通常２〜３週間程度、温かい地域でキャンプを張り、闘える体づくりをして本拠地に戻るのが一般的です。

しかし、雪国に本拠地を構えるチームは、プレシーズンの１月・２月は本拠地で全くトレーニングすることができません。ベガルタ仙台も同様で、開幕までの約１か月半、九州でのキャンプ生活が続いていました。開幕戦にはキャンプ地からそのまま乗り込む年もあるくらいです。家族と遠く離れた地で毎日ホテル生活、体力的にも最もきつく追い込まれるキャンプ生活が１か月半も続きます。ましてや、同じポジションを争うライバルたちと寝ても覚めても顔を合わせなければならないストレスをいったいどのようにコントロールしているのか？

手倉森さんに私は次のようにたずねました。

「長丁場のキャンプによって寝食を共にし、一体感が生まれるメリットもあると思います。しかし、寮生活の高校生は、１つのポジションを競い合うライバルと四六時中一緒に生活していると、『こいつさえいなければ俺がレギュラーになれるのに……』というストレスが溜まることがあるようです。そのあたりはどうマネジメントしているんですか？」

すると、意外な答えが返ってきたのです。

「俺は選手たちに『ライバルだ』『競争相手だ』とは言わない。『ライバルだぞ』『負けるな』『競争しろ』そんな煽り方したら1か月半もたずに疲弊してしまう。『みんなで成長しよう』って言うんだ」

私は、**「みんなで成長しよう」**というのがキーワードだと思いました。

競い合うライバルも、大切なチームメイトなのです。その言葉の背景には、高め合い、磨き合い、つまり切磋琢磨の精神が込められているのだと私は解釈しました。

切磋琢磨という言葉に、「仲間を蹴落とす、仲間の不幸を喜ぶ」という意味合いは一切ありません。その話を聞いた2012シーズン、偶然か必然か、ベガルタ仙台はクラブ史上最高のJ1で2位に入り、アジアチャンピオンズリーグの切符を手にしました。

■丸ごと強くしたい

時は流れて、手倉森さんはリオデジャネイロオリンピック（U－23）日本代表監督に就任しました。静岡でキャンプ中の手倉森さんを訪ねたとき、期せずしてまたしても同じような言葉を聞きました。

「23歳以下という年代はA代表に向けて最後の育成年代。勝つことは当たり前だけど、この世代を丸ごと強くしたい」

と語ってくれました。

“丸ごと強くしたい”

その言葉のとおり、オリンピック代表候補として合計70名近くの選手に声をかけ、メンバー入りを懸けて切磋琢磨していく過程は、**「みんなで成長しよう」**を実践しているようでした。結果的に、谷間の世代と言われ続けたチームは、オリンピックアジア予選史上初となる優勝を成し遂げ、本大会出場の切符を手にすることになりました。

現在ヨーロッパで大活躍し、森保JAPANでも中核を担っている中島翔哉選手、南野拓実選手など、オリンピックに選ばれた選手はもちろんのこと、そのとき惜しくも代表メンバーから外れた選手たちも、その後若くしてJ1の舞台で主力として大活躍していたことを考えると、**「世代を丸ごと強くする」**ことにつながり、結果的に**「みんなで成長しよう」**が現実となっているように思います。

2017年8月31日のロシアワールドカップのアジア最終予選第9戦、勝てばワールドカップ出場が決まる大舞台、宿敵オーストラリア戦は2－0の勝利という歓喜で幕を閉じましたが、得点したのは紛れもなくリオデジャネイロオリンピックに出場した2人（浅野拓磨選手、井手口陽介選手）だったことも、偶然とは思えません。

指導者はチームの成長に軸を置きながら、上手に競争を起こさなければなりません。

仲間のケガや不調によってチャンスを得る、言い換えれば「仲間の不幸の上に成り立つ勝利」では、仮に競争に勝ったとしてもそこに成長はありません。つまり、蹴落とし合いの競争には、チームの成長は見込めないということです。負の競争から抜け出し、高め合い、磨き合いの精神で競う、成長路線の環境づくりを心掛けたいものです。

そのためには、特徴の異なる選手をリスペクトし合うマインドが特に重要です。異なる特徴の選手同士が、自分のもつ知識・経験値・技術・コツなどを勇気をもってシェアし合う（アドバイスし合う）ことでチームは格段に成長スピードを上げることができるのです。「ライバルに自分の手の内を明かしたら損をする」「ポジションを奪われる可能性が高くなる」という考えの選手が多いとしたら、指導者が〝誤った競争〟を煽っている可能性があります。チームづくりの過程で**「高め合い」「磨き合い」「みんなで成長しよう」**というマインドをもてれば、結果的に全員が勝者になれると思います。指導者がそういう価値観を浸透させられれば、選手同士が**オープンマインド**になり、真の成長を実現できるのだと思います。

22 まとめ

私が指導している東京電機大学理工学部サッカー部でも、**「高め合い」**という考えを取り入れています。紅白戦のハーフタイムに、**お互い相手チームとディスカッションする**のです。

「紅白戦で身内に勝つことに大した意味はない。紅白戦の相手が強ければ強いほど、外との競争力は高まるはずだ」

と私が訴え続けてきた結果です。

今では、紅白戦で前半をリードして終えたチームは、ハーフタイムに相手チームの守備の脆《もろ》かった点をアドバイスしています。相手がそれを改善して後半に臨めば、守備力の高まった相手を打ち破るためにもっと**攻撃の質を高めなければならなくなる**からです。そうやって高め合ったなかで11人の先発メンバーを決める方が、選手にとっても指導者にとってもメリットは大きいということを選手たちは理解してくれています。

指導者は、多様な価値観をミックスさせ、選手全員が成長できるチーム環境を整えていくことこそが大きな役割だと思っています。

ちなみに、ハーフタイムに選手同士でディスカッションしている姿に耳を傾けると、私が言おうと思っていたことの半分以上は出てきます。「それだけでは足りないな」と思う点があれば、**指導者はそれを補ってあげるだけでよい**と思います。

最初から指導者がすべてトップダウンで指示・命令してしまえば、選手たちは自分たちの力で成長していく醍醐味を奪われてしまい、いつしか**指示待ち人間**を生み出すことになってしまいます。**最終的な指導者の役割**は指示・命令ではなく、**選手が自ら成長していける切磋琢磨の環境づくりへとシフトさせていくこと**が理想でしょう。

第4章

背後のチームワーク

Solutions 23

チーム浮沈のカギを握る脇役の存在

これからご紹介するのは、プロスポーツチームの関係者からうかがった実話です。
長いシーズンも終盤に差し掛かったとき、そのチームは優勝が現実的なところまできていました。残り数試合、再度結束を高めようと監督が練習前に選手全員を集めてミーティングを開きました。

「いいか、ここからは総力戦だ！　おまえたち全員の力が必要になる」

ミーティングで全選手にそう言い放った監督は、なぜか前節で登録外となった控えメンバーを先に退室させ体を動かし始めるように命じました。
そして、前節出場した主力メンバーだけが部屋に残された状況で、監督からは驚きの言葉が飛び出しました。

「いいか！　優勝に向けた重要な残り数試合、本当に必要なのはここにいるおまえたちだ」

チームにとって良かれと思っての監督の行動だと思いますが、結果的にチームの士気を著しく低下させてしまいました。

さて、どうしてチームの士気は低下してしまったのでしょうか？

■人心掌握は誠実さから

当然、先に退室した控えメンバーたちは、部屋に残された主力メンバーたちのことが気になるので、どんな話があったのか聞き出すはずです。結果的に、控えメンバーはショッキングな真実を知ることになるわけです。

そこからチームは、控え選手の不満だけでなく、主力選手からも監督に対する不信感が噴出し、一体感を損なって大失速、目前まで迫っていた優勝を逃すことになりました。

監督は全員の士気を高める意図で「総力戦だ」と言ったのだと思いますが、特に期待している主力メンバーとはより強固な信頼を築くために「本当に必要なのはおまえたちだ！」と言ったのかもしれません。しかし、その誠実さを欠いた二枚舌が逆にチームの一体感を損なわせ、大きな代償を払うことになりました。

「総力戦だ！」と言われたことで皆にチャンスがあると期待させておきながら、実は固定メンバーで闘うという真実を知った選手たちのショックは計りしれません。これは、指導者が完全に人の心を読み違えた事例といえます。

考えてみてください。優勝に手が届くところまできたとき、主力組が手を抜くことはあり得ません。つまり、極端にいってしまえば、そのメンバーたちを集めて、あえて士気を高めるミーティングをする必要などないということです。

一方、そんなときに疎外感や無力感をもちやすいのが控えメンバーだと思いませんか？仮にチームが優勝したとき、**控えメンバーたちも同じ温度で喜びを爆発させることができるチームが、本当の良いチーム**なのです。

熱心な指導者ほど、優勝目前となれば主力組に目が向いてしまいがちですが、**このタイミングでは控え組を気にかけることが最優先だった**と思われます。

■好成績の裏側

〈プレッシャーをはねのけた偉業〉

直接ご本人からうかがった話ではなく※書籍を通して知った話ですが、野球のワールドベースボールクラシック（WBC）第2回大会の原辰徳監督は、日本代表のメンバー選考の際、

「レギュラーの選手からではなくて、出場機会は限られるかもしれないけれど、どんな立場になってもハードワークしてくれる選手をまず選んだ」そうです。

これは、（良い意味でも悪い意味でも）出場できない選手がチームに与える影響の大きさを理解しているからこそできることです。結果として、第1回大会優勝国というプレッシャーをはねのけ、見事2連覇を果たしました。

〈成長著しいラグビー日本代表〉

また、その書籍には、日本ラグビー界に多大な功績を残したエディー・ジョーンズ元ヘッドコーチの**「下位10％の選手たちの指導に時間を割く」**という考え方も紹介されています。

さらに、「上位評価の選手はスタッフに任せておいてもいい」「下位評価の選手の突き上げによって勝利に近づく」とも書かれています。

※『ラグビー日本代表ヘッドコーチ　エディー・ジョーンズとの対話　コーチングとは「信じること」』
著：生島　淳（文藝春秋　2015年）

■2002年W杯サッカー日本代表の裏側

　これはサッカーでも同様でした。日本サッカー界が国際大会で結果を残しているときは、必ずといっていいほど、控えメンバーにキャリアと影響力のある大ベテランが**縁の下の力持ち**としてチームを下支えしています。2002年日韓共催ワールドカップベスト16進出時は秋田豊選手、中山雅史選手、2004年アジアカップ優勝時は三浦淳宏選手、藤田俊哉選手、2010年南アフリカワールドカップベスト16進出時は中村俊輔選手、川口能活選手などです。単なるキャリアのあるベテラン選手ではなく、仮に控えメンバーになったとしてもチームに好影響を与えることができた選手たちです。

　現サッカー解説者でアテネオリンピック日本代表監督も務めた山本昌邦氏は、2002年日韓共催ワールドカップの際、フィリップ・トルシエ監督を支えるコーチでした。山本さんがトルシエ監督からメンバー選考を相談された際、ベテランの域に達していた中山雅史選手（現J3 アスルクラロ沼津）と秋田豊選手を推薦した、と講演で聞いたことがあります。結果として2人は出場機会こそ多くありませんでしたが、チームを後方からサポートし、ワールドカップ初の予選突破という快挙を支えたのです。

ではいったい、二人は具体的には何をしたのでしょうか？

■チームを後方から支える心強いベテランの存在

日本がワールドカップに初出場した1998年フランス大会を経験している中山さんと秋田さん、30歳を過ぎた二人の大ベテランは、控えメンバーに課される辛いトレーニングをいつも先頭に立って全力で取り組み、チームを鼓舞していました。

控えメンバーはコンディションとモチベーションを保つのがとても難しい状態です。主力メンバーは、数日おきに90分の試合がありますが、控え選手は数分間の出場のときもあれば、出場しないときもあります。それによって生じる選手間のコンディションのばらつきを解消するため、控えメンバーも厳しいトレーニングを課されます。それは決して楽しいものではなく、むしろ辛い時間だと思います。それをもしも、大ベテランが先頭に立ってぶっ倒れるまで走ったとしたら……。もちろん若手は手を抜くことができません。

きっと中山さんと秋田さんは、雰囲気を感じ取るのがうまいお二人ですから、**辛いときで**

も笑顔を絶やさず、語尾を上げながら「無理だ～」「きつい～」と明るくネガティブワードを吐き出していたのではないかと思います。大ベテランとてグチをこぼしたくなるときはあるでしょう。吐き出さなければやっていけないような精神状態かもしれません。しかし、どんなときでも**チームに与える影響力を自覚し、チームを後方から力強く支え、**いつ、どのくらいの出番が巡ってくるのかわからなくても、**万全な準備をし続け、チームの手本となり続けた**のだと思います。

秋田さんは２００２年のできごとを回想しながら、私に次のように話してくれました。

「初戦のベルギー戦、スタメン出場の森岡（隆三）選手がケガした際、同じポジションなので自分が出場するつもりでいたけど、宮本（恒靖）選手が途中投入された。その時に俺は完全にバックアップ要員なんだと自覚した。一晩じっくり考えて、気持ちを切り替えるスピード感が大事だと思い、翌日から違う役割を率先して引き受けた。**控え組のモチベーションをどう維持するかが一番大切**だから、中山さんと話し合って全力で盛り上げた」

秋田さんにとっては本当に受け入れ難いことだったと思います。しかし、ここで秋田さんと中山さんが真逆の行動を取っていたら、その影響力の大きさがマイナスに働き、チームを壊すことになっていたはずです。**若手へのアドバイスや控え組の鼓舞など、全力でプラスの働きかけをしたことがチームの大躍進を支えていたのです。**

■説明責任を果たす

今ご紹介した事例から私たちが学べることは、スポットライトの当たらないメンバーがいかに重要かということです。そんな**日陰の選手たちが高くモチベートされているチームこそ、一体感が出てくる**のだと感じます。

では、どうしたら彼らも高くモチベートされた一体感のあるチームをつくれるのでしょうか？

秋田さんや中山さんのように、どんな境遇でも自ら進んでチーム優先の姿勢を貫ける選手ばかりではありません。

スポーツの世界で成功している名将たちは、**控え組への説明責任を果たしています。**

なぜ控えなのか、という理由と将来への希望をセットで伝えます。理由については様々です。コンディションの調整不足なのか、対戦相手との戦術的な相性なのか、単純に実力不足なのか……。しかし、理由に加えて**成長への道標**を示すことが大切です。

観ている

「おまえがここを伸ばすことができれば、メンバー入りの可能性も高まる」と、メンバーから外した理由とともに期待・希望も示すわけです。そして、外したメンバーのために監督自身が時間を割くことも重要です。

名将たちは**控え組だけの練習にも熱い視線を注いだり、普段の居残り練習を最後まで見届けたり**します。時には励ましやアドバイスの声もかけるでしょう。

わざわざ貴重な時間を割いて監督が控え組の練習を観てくれている。これだけで「自分も競争のテーブルに上がれるかもしれない」と思い、モチベーションが高まるはずです。

そうなると、控え組のレベルも上がり、選手層が厚くなります。普通なら主力メンバーが試合で結果を出すことばかりに気を取られ、ほとんどの時間を主力の指導に捧げてしまいそうなところですが、良い監督は**エネルギーを注ぐところが違う**ということでしょう。

余談ですが、よく高校サッカーなどで耳にするのは、紅白戦で100回打って1発決まるかどうかのミラクルシュートを決めるといきなりAチームに引き上げられ、1回失点に絡むと「期待外れ」というような捨て台詞とともに再びBチームに落とされる、という話です。これこそ典型的なトップダウン思考です。「Aチームでプレーしたい！」という純粋な思いをもった選手を振り回すことになります。監督の気分でAとBを行き来する選手は辛いはずです。〝結果がすべて〟といえば聞こえはいいですが、「もう1度やれ」と言われてもできないようなミラクルプレーを気まぐれで評価されても、最終的に困るのは選手たちです。

ハーバード大学のマクレランド教授は、**目に見える「スキル・知識・態度」には、目に見えない「動機・価値観・使命感」**などが大きく影響を与えていると考えました。

この概念は、一般的にコンピテンシーの「氷山モデル」（図6参照）として広く知られています。

「コンピテンシー」とは、最近ビジネス界で頻出のキーワードになってきていますが、**「高業績者に共通する行動特性」**と定義されています。高業績者の行動は、目には見えにくい

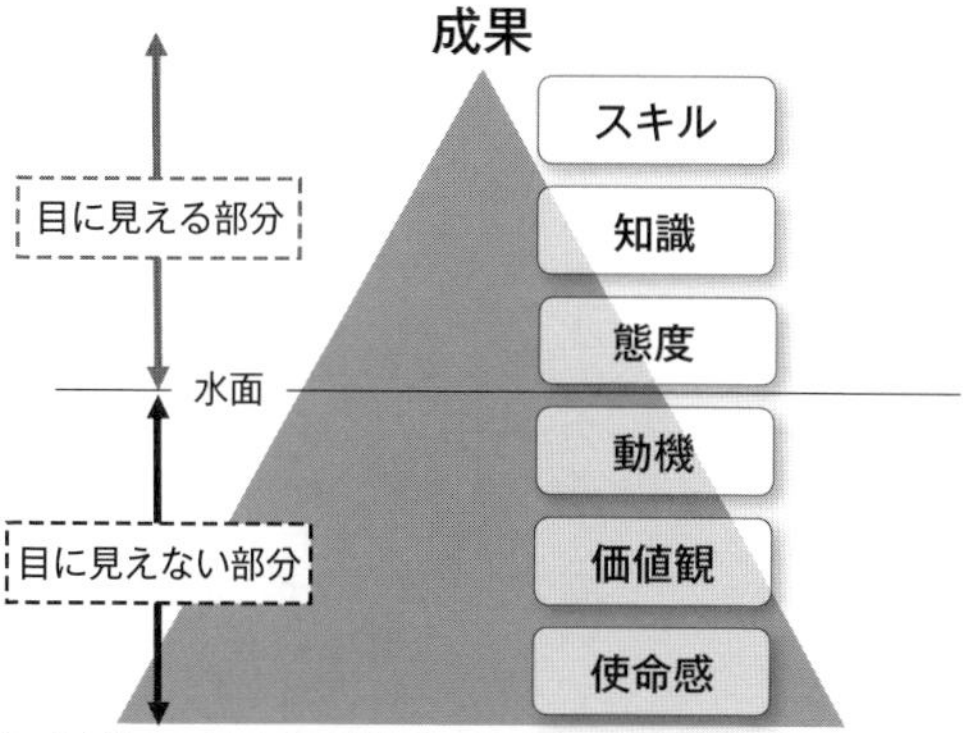

ハーバード大学のマクレランド教授は、目に見える部分である「スキル・知識・態度」に対しては、目に見えない「動機・価値観・使命感」などの潜在的な部分が大きく影響していると考えた。目に見える部分は"氷山の一角"であり、実際には水面下にある見えない部分が土台となっている。

図6

「動機・価値観・使命感」が大きく影響しているということです。

偶然の産物のようなミラクルシュートを安易に評価に結びつけるよりも、よく観ないと見えない水面下の部分（動機・価値観・使命感など）にアプローチしていく指導も大切といえるでしょう。

目に見えない部分を大きく育てることによって、偶然ではなく安定したパフォーマンスが期待できるのではないかと思います。

23 まとめ

もともと実力のある主力選手たちは常にきめ細やかな指導と期待を受け、控え選手たちは放置されて期待もされないとしたら、技術・体力・戦術理解・モチベーションの差は開く一方です。

指導者はつい、力のあるメンバー、結果を出してくれるメンバーに手厚く指導してしまいがちです。結果を出してくれれば、指導者としての自分の地位や名誉も守られますから、それは当然のことといえます。しかし、よくいう**「一体感」**という得体のしれないモノは、**実は日陰の存在がつくり上げている**ものなのです。

本当に良いチームをつくり上げるためには、少し実力が足りない、やる気を落としているメンバーといかに向き合い、彼らを大切にできるかです。

チームの浮沈のカギを握っているのは、主力ではなく脇役なのかもしれません。

チームは1つの生命体！

「〝良いチーム〟とはどんなイメージ？」と聞かれたら、あなたならどのように答えますか？

目標が明確で、役割があり、それぞれがきちんと責任を果たし、みんな仲が良く一丸となって……そんな説明になるでしょうか？

ちなみに、私が〝良いチーム〟を端的に説明するとしたら、まるで**「1つの生命体のように機能しているチーム」**という説明をします。おそらく多くの方が「どういうこと？」と思うことでしょう。

そこで、本稿はまずその意味から解説していきたいと思います。

■まるで1つの生き物のように機能しているチーム!?

「良いチーム」とは何か……私が理想とするのは、1つの目標に向かって、メンバーがお互いに個性・特徴の「違い」を尊重し、それを認め合い、武器としているチームです。そして、それぞれの違いを「調和」させることで「機能」しているチームです。私たち人間も、心臓・脳・目・耳など各臓器や器官に役割の違いがあり、それらが調和を保ちながら機能することで、初めて生命が維持でき、自由自在に動けるわけです。

人間が意思をもち、全身に神経が通っているのと同様に、**良いチームは意思をもち、メンバー間に神経が通っているかのようにスムーズでしなやかに動くことができます。**だからこそ、私は良いチームを**「1つの生命体」**に例えるのです。

ちなみに、皆さんにもう1つ質問です。

「皆さんの心臓と胃、どちらが優秀でしょうか？」

とたずねられたら、どのように答えるでしょうか？

おそらく多くの方が困惑してしまうはずです。**「どちらも役割が違うから優劣なんてつけられない」**というのが正直な答えのはずです。そうです。まさに、そのとおりです。

心臓は全身に血液を送るため、胃は食べたものを消化するためにあります。心臓は寿命の限り動き続けますが、胃は食後だけ働きます。働き方や時間には差がありますが、どちらも生命維持のためには欠かせません。変な話ですが、各臓器・器官が評価を奪い合ったり、優劣を競い合ったりせず、お互いに調和することで成り立っています。心臓にばかり感謝していると、胃袋がへそを曲げて動かなくなる、なんてことがあったら大変です。

生命維持のために自らの役割をしっかりと果たす姿、チームのために適材適所で誇りをもって活躍する姿、高度な協力関係で調和する姿こそ、私の思い描く理想のチームです。これが最初に私が話をした**「まるで1つの生き物のように機能しているチーム」**という意味です。

『ICU高校生のキリスト教概論名（迷）言集　キリガイ』（新教出版社　2012年）の著者である有馬平吉先生は、この本のなかで「1人ひとりの構成員の誰もがかけがえのない存在としてお互いの違いが尊ばれ（単なる平等ではない）、互いに必要とされ合う適材適所の『からだ型社会』」という言葉を使っています。私はその表現に深く感銘を受け、それ以来「1つの生命体のようなチーム」と同様の意味として、**「からだ型組織」「からだ型チーム」**という言葉を使わせていただいています。

■チームの成功を喜ぶメンタリティ

チームワークを表現するためには、「勝利・成長・成功への執着心をもった集団」であることが重要です。**「執着心」**と聞けば、自己中心的・わがまま・自我が強いという印象と結びつきやすく、チームワークとは正反対のように感じられるかもしれませんが、実はそんなことはありません。なぜなら**「勝利・成長・成功への執着心」**だからです。

これが**「個人評価への執着心」**だと話は違います。

例えば、サッカーで、相手の守備（DF）をあと一人抜いたらゴールキーパー（GK）と1対1になれる、という絶好のチャンスがあるとします（図7参照）。そして、ボール保持者の右側には味方の選手がいます。パスを出せば確実に相手守備を置き去りにでき、得点の可能性がもっと高まるとします。勝利への執着心が強い選手ならば、得点の確率の高いプレー、つまりパスを選択します。

ところが、個人評価への執着心が強い選手は、パスではなく自分で相手守備を抜き去り、シュートを打つ選択をするはずです。ゴールの確率は下がりますが、強引に自分の見せ場をつくり、得点して評価を独り占めすることを優先するのです。

純粋に勝利に対する執着心が強い選手は、味方へのパス（得点の確率が高いプレー）を選択するので、自然とチームワークを表現していることになります（この事例はあくまでセオリーの話です。）。

スポーツ選手のインタビューでは、「得点できたが、チームが勝てなければ意味がない」とか「個人の表彰よりもチームの優勝の方がはるかに嬉しい」などというコメントを耳にします。やはり一流選手は、個人の評価よりも**チームの成功を喜ぶメンタリティ**をもっていて、常にチームワークを表現しているのだといえます。個人の評価

ゴール前で2つの選択があるサッカーシーン

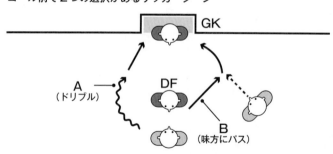

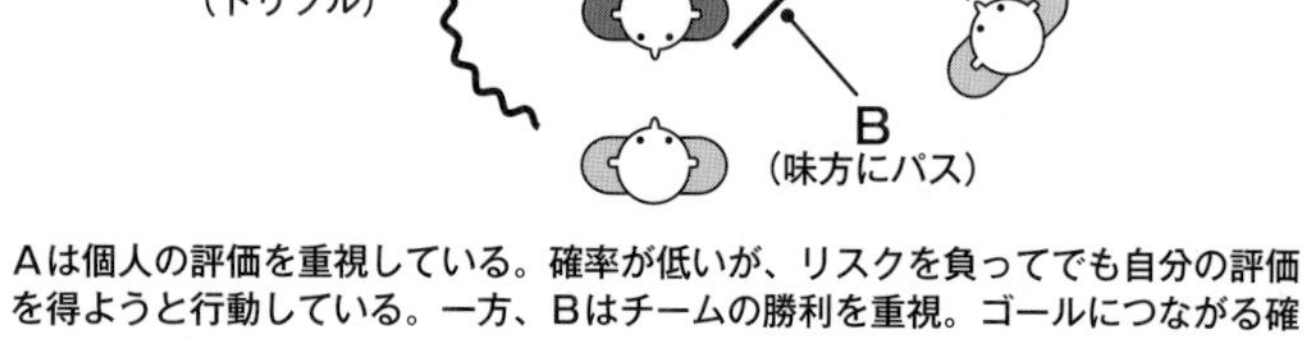

Aは個人の評価を重視している。確率が低いが、リスクを負ってでも自分の評価を得ようと行動している。一方、Bはチームの勝利を重視。ゴールにつながる確率の高いプレー（パス）を選択することによって、結果的にチームワークに徹したことになる。

引用元：『「勝つ組織」集団スポーツの理論から学ぶビジネスチームビルディング』（KANZEN 2015年）

図7

は「後からついてくる」感覚でしょう。

■メンバー同士はお互いに影響を与え合う宿命

先ほどの「個人の評価よりもチームの成功を求めるメンタリティをもっている人は、結果的にチームワークを表現している」という内容は、決してスポーツの現場のことだけではありません。ビジネスシーンでも同様にいえることです。

稀にメンバーの頑張りをまるで自分の手柄のように報告するリーダーがいます。逆に、メンバーのミスに対して「俺は関係ない」「勝手にやった」と言わんばかりに責任逃れするリーダーもいます。これは明らかに個人評価に執着している象徴的な行動です。本来なら、リーダーもメンバーも同じ部署の一員であり、チームとして機能しなければなりません。

良いチームというのは〝まるで1つの生命体のように機能する〟わけですから、切っても切れない関係といえます。言い換えると、**「メンバー同士は（良いことも悪いことも）お互いに影響を与え合う宿命」**なのです。チームから恩恵だけは受けようとし、面倒なことからは目を背けるメンバーがいる時点で、生命体のようなチームにはなり得ないということです。そのようなメンバーがいるとしたら寄生虫のようなものです。
チームに所属した時点で、良いことも悪いことも自分事として受け止めるマインドが必要です。

■役割を超えた勝利への強い思い

誤解のないように強調したいことがあります。チームワークというと、「縁の下の力持ち」や「黒子に徹する」ことをイメージされる方もいますが、繰り返し述べているように、**チームの成功に対する強い思いが、自然とチームワーク行動につながる**ということをお伝えしたいのです。

だいぶ前の話になりますが、ここで2004年のサッカー日本代表の事例をご紹介いたします。

2004年当時、日本代表の指揮官はジーコ監督でした。そこには当然通訳がいました。鈴木國弘氏です。鈴木さんとジーコ監督は、Jリーグ鹿島アントラーズの前身、住友金属サッカー部時代からの長い付き合いでした。

２００４年10月ドイツワールドカップアジア1次予選のオマーン戦（アウェイ）、度重なる相手の危険なプレーに主審は一切笛を吹いてくれませんでした。鈴木さんは、それらの判定に納得のいかないジーコ監督のイライラがピークに達していることを察していました。

そして、ついに限界を超えたジーコ監督が主審に詰め寄ろうとした瞬間、**こともあろうか通訳の鈴木さんが審判に抗議するためにベンチを飛び出した**のです。改めて言うまでもありませんが、通訳の主たる仕事は監督の発した言葉を選手らに伝えることです。

前代未聞のできごとです。それによって鈴木さんは退席処分を命じられます。

以前、その時のことをうかがったところ、

「ジーコのことはよく理解している。あのままでは危険な気がしたから…」

今となっては良い思い出、という雰囲気で話してくれました。指揮官であるジーコ監督が退席処分になったらチームの意思決定機能を失うことになり、ダメージが大きいことを案じての行動だったと言います。きっと鈴木さんの行動を見て、ジーコ監督は逆に冷静さを取り戻したはずです。

24 まとめ

本来は黒子に徹するはずの通訳が、（個人の評価を犠牲にして）タイミングを見計らって最前線に立って**「監督・チームを守る」**とっさの行動でチームワークを表現した事例の1つです。

退席処分というのは決して良いことではありませんが、**勝利への強い思いと監督・チームへの忠誠心**があってこそ成せる行動でしょう。指揮官を失うという最悪なシナリオを避けようとした、スタッフ側のチームワークが発揮された一場面です。

Solutions 25

背後のチームの本質

本稿では、スタッフのチームワークによって大一番で勝利を呼び込んだ2つの事例を題材にしたいと思います。

必然だった〝マイアミの奇跡〟

1つ目は、もう20年以上も前のできごとですが、サッカー界では伝説となっている試合を取り上げます。1996年アトランタオリンピックでU－23日本代表がU－23ブラジル代表を1－0で倒した**〝マイアミの奇跡〟**です。

当然といっては失礼ですが、下馬評ではブラジルの圧倒的有利が予想され、実際に30本近いシュートを打たれながらもなんとかしのぎ切り（うち数本はポストに助けられた）、数少ないチャンスでゴールを決めて勝利を収めました。

この勝利は、日本にとって単なる勝利ではなく、**スタッフのチームワーク**がもたらした勝利だったのです。細かなスカウティング（対戦相手の分析）から、相手のスターティングメンバーや交代の傾向なども予測し、対策を練っていたそうです。

事前の分析ではスター集団のブラジル代表にはほとんど隙が見当たらない状況でしたが、

オーバーエイジ枠で直前に合流したセンターバックとゴールキーパーの連係不足、二人のセンターバックはともにスピードがない、この2つが数少ない狙い目だったようです。

小野剛氏（現FC今治監督）の著書『サッカースカウティングレポート』（KANZEN 2010年）では、次のように書かれています。

「（ブラジル代表のVTRを見ながらセンターバックの）ロナウドの悪い癖に気づいたのも、そんな違和感からでした。（中略）さっきは同じような展開からピンチを招いたのに、今のは問題なかった。今のボールは左サイドからだった。ひょっとして右サイドからのボールに対してだけ不自然な動きになるのか？」

「何シーンかフォローしていって、予感が確信に変わったのです。ある程度データを蓄積しないとレポートに弱点として書くことは怖くてできない。たまたまの場合もあるので、しっかり裏を取ってから（監督に）伝えました。」

結果としてブラジルから奪った得点は、ブラジルの選手同士が交錯するという相手の致命的なミスから生まれた**〝ラッキーなゴール〟**と一般的には思われているはずです。

しかし、それは日本スタッフ陣のスカウティングによって、**周到に練られていたプラン**だったということなのです。センターバックの不自然な動きを誘発し、さらにゴールキーパーとの連係の悪さを突くようなパスを右サイド（日本にとっての左サイド）から供給することによって、**「ミスが起きるように仕向けた」**とも書かれています。

本当に気が遠くなるような作業だったと思いますが、**スタッフのチームワーク**が勝利を手繰り寄せたといえるでしょう。

■スタッフのチームワークづくり

もう1つ事例をご紹介します。

本書で何度かご紹介してきた2010年サッカー南アフリカワールドカップでは、直前の戦いぶりを批判してきたメディアを黙らせるような目覚ましい大躍進で日本代表はベスト16進出を果たしました。

カメルーン、オランダ、デンマークとのグループリーグを2勝1敗の2位で通過、パラグアイとの決勝トーナメント1回戦では、PK戦にもつれ込む激闘の末に敗れはしたものの、史上初のベスト8進出に最も近づいた瞬間でした。

スポーツに「たられば」はありませんが、もしもあのPK戦に勝っていたら、岡田監督の公言していたベスト4進出まであと1勝というところまできていたわけです。その後、当然のように岡田監督のチームづくりは注目を浴びます。一般的に〝**チームづくり**〟といえば**選手のチームワークづくり**を思い浮かべると思いますが、それと同等、もしくはそれ以上に**スタッフのチームワークづくり**も欠かせない、というのが私の見解です。

「初戦が重要」といわれるワールドカップ、初戦のカメルーン戦の勝利は様々な要因が考えられますが、その1つとしてスタッフ側のチームワークによって手繰り寄せられた側面もあったのです。

リーダーを補佐するフォロワー

皆さんは、フォロワーシップという言葉を耳にしたことはありますか？

リーダーシップはよくご存じだと思いますが、フォロワーシップは耳馴染みがないかもしれません。

カーネギーメロン大学ロバート・ケリー教授は、組織成果のうちリーダーの影響力が及ぶ範囲は1～2割程度で、残りの**8～9割はフォロワーの力に左右される**と言っています。また、フォロワーシップの構成要素は**「貢献力」**と**「批判力」**だとも言っています。

私たち日本人の場合、強いカリスマ性をもった一人のリーダーを待望し、そのリーダーに対してフォロワーが献身的にサポートにまわる構図、つまり「貢献力」の高さに特徴があるのではないかと思います。

しかし、「これではうまくいかないのではないか?」「こんな情報もある」「もっとこうした方がいい」といった批判力（日本人の場合、批判という言葉にアレルギーがありそうなので、ここでは以下**「提案力」**とします）も兼ね備えていなければならない、ということを示しています。

■信頼関係に基づくスタッフの「勇気と覚悟」

2010年ワールドカップのサッカー日本代表には、杉田正明氏（当時三重大学、現日本体育大学）というスタッフがいました。陸上競技で「高地トレーニング」を研究している先生です。初戦のカメルーン戦が行われる会場（ブルームフォンテーン）は標高が高いため、高地順化の専門家として招聘されました。

その杉田先生は、大事な大事な初戦カメルーン戦3日前を**「休養日」**にするよう監督に提案したのでした。毎日の血液や尿の採取、コンディションチェックのアンケートなど参考に、選手の疲労回復のため根拠に基づいて提案したのです。

私が、当時のことを岡田さんに尋ねると、次のように返ってきました。

『私が「休んだら必ずコンディションが上向くのだな？」と聞いたら**「必ず良くなります」**と断言したから提案を受け入れた。**「たぶん」**とか**「通常は」**などと言われたら休む勇気はなかった』

と、当時の心境を教えてくださいました。

また、杉田先生にも聞いたところ「サッカー界で試合直前に休むのは異例のことだったようだが、監督が大きな決断をしてくださった」と当時を振り返っています。

勝利という共通の目標をもったスタッフ陣が、1つのチーム（リーダーとフォロワー）として機能したエピソードです。スタッフにもチームワークが必要で、そこが弱いと選手たちに影響を及ぼすことは明らかです。しっかりとした根拠をもって**専門家として提案した杉田**

先生の勇気と覚悟。それにしっかりと耳を傾け、**自らが選んだスタッフを信頼し、直前の休養を決断した岡田監督**の勇気と覚悟。立場は違えどそれぞれに**「勇気と覚悟」**が必要だったのです（図8参照）。

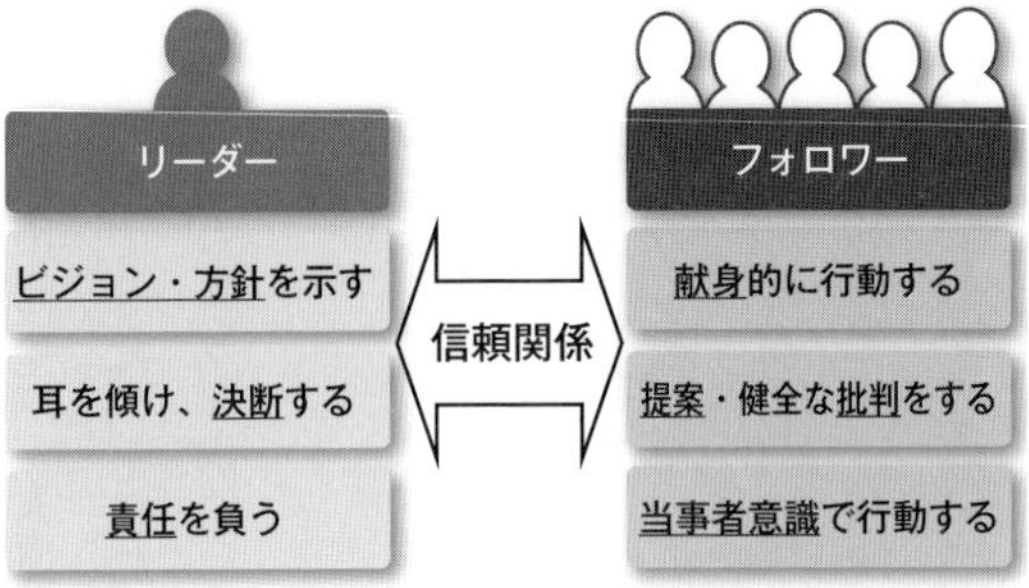

図8

スタッフのチームのことを**Team behind the team**などと呼ぶことがあります。主役となる（選手たちの）チームに隠れた、**背後のチーム**という意味です。主役のチームが躍動するうえで、背後のチームが機能していたことがわかります。

いい準備ができている自信があったにもかかわらず、初戦前夜は「もしも試合中に選手たちの足が止まってしまったらどうしよう……」と不安がよぎり、杉田先生は眠れなかったそうです。

しかし、高地に順応した選手たちは最後まで足が止まらず**「走るサッカー」**を体現し、見事カメルーンを1－0で撃破しました。初戦が大事といわれるワールドカップで大きなアドバンテージを得た日本代表は、史上初の自国開催以外でのベスト16進出を果たしたのでした。カメルーン戦後の選手からは、「高地とは思えなかった」「全然きつくなかった」という言葉も出てきたそうです。

ワールドカップにおける初戦の重要性についてはだれもが認識していますが、あまり知られていない話があります。南アフリカワールドカップで監督やコーチたちの頭を最も悩ませたのは、2戦目（オランダ戦、0－1）が平地、勝負のかかった3戦目（デンマーク戦、3－1）が再び高地という日程でした。そんな難しい状況下でも、杉田先生をはじめとした**全スタッフの周到な準備**によって、見事に勝利を手繰り寄せたのです。

■リーダーとフォロワーに必要な議論できる風土

日常に目を移すと、至るところにリーダーとフォロワーの関係は存在します。トップダウンのリーダーでフォロワーは提案・情報提供する余地がない、恐怖政治で提案なんてできない、というチームもあるでしょう。また、リーダーがオープンマインドな姿勢でも、責任を問われたくないから提案しないというフォロワーもいるかもしれません。

サッカーの事例をもう1つご紹介します。今度は良い事例ではないので固有名詞は出せませんが、あるJリーグのフィジカルコーチと他愛のない会話をしていた時のことです。

「お久しぶりです。最近、チームの様子はどうですか?」と何気なく聞いた際の返答が次のような内容でした。

「いやぁ、あんまり良くないですね。僕としては○○した方が勝てると思うんですが、僕はフィジカルコーチだからあんまり口出せないんですよね…」

この会話で疑問に感じたのは、〝フィジカルコーチ〟という**役割を果たすことがゴール**になってしまっている点です。もちろん、リーダーである監督のマインドがチームに大きな影響を与えていることは言うまでもありません。「余計なことは口出しするな。おまえはフィジカルトレーニングのことだけ考えていればいいんだ!」というトップダウン思考の監督だったのかもしれません。

先ほどご紹介した南アフリカワールドカップの岡田監督と杉田先生の関係のように、スタッフもチームワークを発揮し、目標達成のために妥協なく議論できる風土をつくり上げることは、結果的にチームのためになりますし、何より監督自身の身を助けることになるはずです。

25 まとめ

2010年ワールドカップ当時、日の丸を背負って世界のベスト4を目指すという壮大なプロジェクトでは、1億2000万人の期待がのしかかり、監督には想像を絶するプレッシャーがあったことは明らかです。そんななか、現場力の高いスタッフ陣が各々の専門分野で活躍し、それぞれが覚悟と勇気をもち、監督のプレッシャーを皆で分け合おうというスタッフのチームワークを感じます。

杉田先生は初戦3日前の「休養」について、「ここで伝えなければ呼ばれている意味がない」「もしもこれで失敗したら、高地トレーニングの専門家という看板を降ろす覚悟だった」と言っています。

リーダーはビジョンや方針を掲げる
←それに対してフォロワーは誠実に貢献・実働しつつも、時に覚悟と勇気をもって提案・情報提供をする
←リーダーは真摯に耳を傾けて、自らの意思で最終決断をする
←フォロワーはリーダーの最終決断を尊重し、当事者意識をもって誠実に貢献・実働をする

このサイクルが**健全なチームワーク**を生み出すのです。良い仕事をするときには、**最終的にリーダーは責任を負う覚悟、フォロワーは最後まで当事者であり続ける覚悟**が必要だということです。

最後にもう1つ付け加えておくと、**リーダーがどのようなタイプの人物かを見抜くこともフォロワーとしては大切**だと杉田先生は教えてくれました。簡潔な結論を欲しがるリーダーにくどくど説明しても喜ばれません。リーダーは今、事実や客観的情報を求めているのか、それとも個人的な考えや意見を求めているのか、などを感じ取ることも重要です。

リーダーのタイプを知り、適切な距離を保てることも良いフォロワーの資質といえそうです。

第5章

過去を生かす

Solutions 26

自分たちの決断を正解にするための努力が大切

本稿では2006年サッカーワールドカップドイツ大会、日本代表の初戦を事例としてご紹介します。

オーストラリアとの対戦では、前半に中村俊輔選手のゴールで1－0とリードしますが、残り時間10分を切ってから立て続けに3失点を許してしまい、まさかの敗戦を喫しました。初戦が重要といわれるワールドカップにおいて、一気に厳しい状況に追い込まれた日本は、国民の期待とは裏腹に予選で姿を消しました。

残り10分までリードしていたオーストラリア戦でいったい何が起こったのでしょうか？

■迷いが受け身となり後手を踏む

2018年6月6日Sportsnaviの記事（https://sports.yahoo.co.jp/m/column/detail/201806040005-spnavi?p=2　文：飯尾篤史氏）によると、ピッチに立っていた福西崇史氏のコメントとして「後ろ（ディフェンダー）としては（オーストラリアのロングボール攻勢に対して）跳ね返せる選手に入ってきてほしかったけれど、そうじゃなくて（小野）伸二が入ってきた。（中略）でも、攻撃の選手たちは、前からボールを奪いにいって追加点を奪いたい。実際、2点目が取れたら勝負を決められるという狙いもわかるから、行くなとも言えない。まとまり切らないまま、流れが相手に傾いてしまった」と書かれています。

私も福西さんにはこの試合については何度か話を聞いたことがありますが、大きなジレンマだったことがわかります。

どちらの言い分もわかりますし、どちらも正解になりうると思います。しかし、はっきりとした**決断**ができない（納得解が導き出せない）うちに逆転という憂き目にあったわけです。実績と信頼のあるリーダー格の選手がピッチに存在し、その選手の決断を皆で実行できていれば結果は違ったかもしれません。最低限の意見交換・情報交換は必要ですが、試合中に選手間でじっくり議論している時間はありません。スピーディーな決断と実行が大切です。

少なくとも、攻めるのか？　守り切るのか？　その迷い・ジレンマを取り除いて闘うことができれば11人のエネルギーを分散させてしまうことは避けられたと思います。スポーツの場合、**迷いがあるとすべてのプレーが受け身になってしまい、後手を踏む**ことはよくあることなのです。

■迅速に意思決定することの重要性

試合の流れとしては、1点リードして迎えた残り10分程のタイミングで、ジーコ監督が選手交代を決断します。まちがいなく勝ち点3を手にするための決断ですが、その交代の意図がピッチ上の選手たちにうまく伝わらずに混乱した可能性もあります（ジーコ監督は後に、その交代策の意図を明らかにしています）。

この場面では、監督の意図を汲み取れずに混乱したとしても、**ピッチ内で迅速に意思決定することが**有効だったと考えられます。ただこの試合には、攻撃・守備にそれぞれリーダー格の選手が存在しており、ピッチ内でだれが最終意思決定をするかが不明確だったのかもしれません。

■〝決断〟をしなければ〝財産〟を残せない

「攻めに出て2点目をもぎ取り、相手の戦意を喪失させる」
「相手の攻撃を強固な守備で跳ね返してしのぎ切る」

いずれにしても、残り10分の闘い方を〝**決断**〟することが大切でした。決断をすることは目の前の1試合を良いモノにするために必要なのはもちろんのこと、副産物として後の日本代表に大きな財産を残すことにもなるのです。

1－0リード、残り時間10分、身体的に有利な相手は猛攻を仕掛けてきている、そんな状況で、

〝守り切る〟決断をしたけれど「相手の圧力に負けて失点してしまった」となれば、その決断が失敗だったことがわかります。

〝攻めにいく〟決断をして「リスクを負って攻めに出たら相手のカウンター攻撃を食らって失点してしまった」となれば、その決断が失敗だったことがわかります。

そして、失敗だったとしたら何が要因かを分析することもできます。

逆に、決断したことで勝利を得られれば、**その決断が正解**だったことがわかりますし、要因を分析することもできます。いずれにしても、決断をしなければそれが正しかったのかどうかさえもわからないまま終わってしまい、日本代表としての**経験値（財産）を後世に残すことができない**のです。

もちろん、サッカーでは2度と同じシチュエーションは起こりませんので、過去の経験値をそっくりそのまま当てはめて使えることなどありえませんが、日本代表としての**過去の成功体験や失敗体験**が分析され、選手・スタッフ間で受け継がれていき、後の日本代表に**大いに参考**となったはずです。

予選グループ内にブラジルがいることを考えると、この初戦は是が非でも勝ちたかったはずですが、第2戦クロアチアに0－0、第3戦ブラジル1－4、予選リーグ1分2敗で大会を去ることとなりました。

■決断することで成功・失敗の要因を分析できる

時は流れて２０１４年、ザッケローニ監督が率いる日本代表は、ワールドカップブラジル大会に臨みました。この初戦コートジボワール戦を見て、２００６年の初戦オーストラリア戦を思い出した人は多いのではないでしょうか？　８年前同様、前半に本田圭佑選手のゴールでリードして折り返しましたが、後半に相手がエースのドログバ選手を投入し、攻勢に出てきた直後の数分間で立て続けに2失点し、１－２の敗戦を喫しました。これもまた、ドログバ選手が入ってきたことで日本の選手たちが混乱しているわずかな時間で起こったできごとでした。

２００６年と２０１４年、リードしながらもわずかな時間で連続失点して初戦を落としグループリーグ敗退、シナリオが似ているからといって安易に共通点を見つけ出せるほど、スポーツは簡単ではないことは承知しています。特にサッカーは複雑性の高い競技ですから様々な要因が考えられ、２００６年の教訓を２０１４年で生かせたはずだ、とは言い切れません。しかし、いずれの試合も、相手の変化への対応を決断する前に失点したことは事実でしょう。どんな決断であれ、それで得られた結果は、後の分析対象となりチームの財産になると思うのです。

■決断した上での失敗だからこそ得られる成果

本書で繰り返しご紹介している4×100mリレーでは、2012年ロンドンオリンピックでの1つの決断が、4年という時を越えて2016年リオデジャネイロオリンピックの銀メダルにつながっていたようです。2016年8月21日の日刊スポーツの記事によると、「前回のロンドン大会での決勝ではぎりぎりでバトンを受け渡すため、（次走者がスタートを切る目安を）予選から14㎝（半足長）ずつ延ばした。だが、受ける側の走者が『距離が遠くてバトンが届かないのでは』とスタートを躊躇し、結果的にバトンが詰まった。その反省を生かして選手と話し合い、ほぼ完ぺきなバトンワークにつなげた」と書かれています。

決勝当日の朝のミーティングで、次の走者がスタートを切る目安を予選より**7㎝（4分の1足長）**遠ざける決断をしたことは、すでに序章で取り上げました（P46に戻ると理解がスムーズです）。つまり、ロンドン大会では半足長**（＝14㎝）**延ばすという攻めの決断をして**失敗**したことを受け、リオデジャネイロ大会では**7㎝**という〝**納得解**〟にたどり着いたということでしょう。

陸上競技は、サッカー、ラグビーなどの攻守入り乱れ型の競技と比べて、はるかに不確定要素が少ないという特性があります。だからこそ、**過去を分析し未来にしっかりと生かしたこと**で確実に成果を挙げられたのだと思います。

26 まとめ▼▼▼

ビジネス界は〝**正解のない時代**〟に突入したといわれています。こうすれば成功する、という〝**絶対解**〟**が存在しない**、という意味です。しかし裏返せば、**どんな決断が成功するかわからない時代**だということもできるのです。慎重になりすぎて決断までに時間をかけることをリスクと捉える傾向も出てきています。正しい決断をできるに越したことはありませんが、むしろこれからの時代は〝**自分たちの決断を正解にするための努力**〟やチーム全員が期待感を抱ける〝**納得解**〟がとても大切だと思います。

スポーツを通じてそういう姿勢を身に付けていくことが、**アスリートの社会的価値**を高めていくことでしょう。

新しいリーダーは前任者の築いた土台を知ることから始めてみよう

人材流動が激しい昨今の企業において、もはや転職・中途採用は当たり前の時代となりました。つまり、チーム構成員の入れ替わりが頻繁になっているということです。ヘッドハンティングで新しいリーダーがやってくる、ということも珍しくありません。

新しいリーダーがやってきたとき、メンバーはそのリーダーと少し距離を置いて身構え、どんな人物なのか様子をうかがうことでしょう。リーダー側としても、期待に応えるべく強烈にカリスマ性とリーダーシップを発揮するか、それともまずはメンバーに受け入れてもらうことが先決か、悩みどころだと思います。

■選手移籍・監督交代の多いサッカー界にヒントがある

前任の指導者がチームに良い影響を与えていた人ならば、あえて〝違い〟を鮮明にする必要はないでしょう。なぜなら、ガラリと変えることで**せっかく定着していたベースを壊してしまうことになる**からです。また、慣れ親しんだやり方を明確な根拠もなく変えられることに対しては、選手からはアレルギー反応が起こるかもしれないからです。

サッカー界での監督交代のタイミングとして、３パターンくらいに分けて考えてみましょう。

1つ目は、チームが低迷し大きな変革が求められているとき
2つ目は、順調にチームが発展して次のステージに挑むとき
3つ目は、監督自身の都合によるとき

等が考えられます。

ご自身が監督に就任した際に、「俺の力でチームを好転させてやろう」「俺の実力を見せつけて選手たちの気持ちをつかみたい」と意気込む方もいるかもしれませんが、大きな変革を求められているとき以外は、前任者の築いた**「土台を生かす」**という方法が有効です。

土台を生かした成功事例として挙げられるのが、サンフレッチェ広島で2012年〜2016年まで監督を務めた現日本代表監督の森保さんです。選手時代はピッチ上で〝ドーハの悲劇〟を味わいました。派手なプレーをするわけではないですが、「苦しいときにも当たり前のことを当たり前にできる」「気配りができて攻守のバランスがとれる」そんな縁の下の力持ちとして重宝された選手でした。

そうした森保さんの人柄が監督になったときのチームづくりに表れていたのだと思います。森保さんの前任者は、後にJ1浦和レッズの指揮を執り、2018シーズンからはJ1

北海道コンサドーレ札幌を率いているミハイロ・ペトロヴィッチ監督です。

サンフレッチェ広島はペトロヴィッチ監督就任後にＪ２降格という憂き目に遭いましたが、クラブとして監督の**続投を決断**し、すぐにＪ１復活を遂げました。その後、優勝には手が届かなかったものの、上位に食い込む強いチームへと引き上げたペトロヴィッチ監督は、一定の成果を挙げて浦和レッズへと移っていきました。

クラブからも信頼が厚い監督の下、結果も伴ってきたタイミングでバトンを受け取った森保さんは、それが初の監督業でした。影響力、実力ともに優れた監督の後任となることはプレッシャーだったかもしれません。

良い遺産はそのまま継承し、必要に応じて自分の色を出す

実際のところ、**前任者の否定から入る**ことで新たな風を起こし、自分の存在価値を高めようとする監督がいるのも事実です。

では、就任後の森保さんはどのような方針を示したのでしょうか？

ペトロヴィッチ監督の代名詞ともいえる独特な攻撃スタイルを継承したのです。ただ、そこにプラスして、自分が現役時代に得意としてきた攻守のバランスについての修正を行いま

した。**良いものはそのまま継承し、必要に応じて自身の色を出したのです。**また、新監督としてフラットに選手選考する目をもつことで、選手たちには**プラスの競争原理**が働いたと思われます。

土台を大切にして大きな混乱を引き起こさなかったこと、しかし課題であった攻守のバランスは修正したこと、さらに新監督として選手間の競争を活性化させたこと、これらはチームにとって絶妙な刺激となったと考えられ、監督業1年目からJリーグ2連覇という偉業達成に大きく影響していると思います。

もしも前任者の否定から入りこれまでの土台を崩していたら、1年目は森保イズムを浸透させることに精一杯となり、優勝を成し遂げることはできなかったかもしれません。

森保さんの前出の著書には「僕が監督に就任した際、ミシャさん（前監督）がそれまで積み上げてきたサッカーを継承・踏襲するということを言いました」とあります。その言葉からも、**良い遺産はそのまま残そう**と計画していたことが読み取れます。ただ、一方で「ミシャさんは天才であり、感性が他の人と違うから真似をしろと言われてもできるわけがないから、自分なりのアプローチをする」という主旨の内容も書かれており、単なるコピーではないことを明確に伝えています。

■チームの成功こそが指導者としての成功

良い指導者は、自分が評価されることではなく、チームの成長・勝利にのみ関心をもっています。

たとえ前任者の影響力が残ろうとも、自分の存在がかすもうとも、気にかけることはありません。むしろ指導者が、自分の求心力や評価ばかりを気にしていたらうまくいくはずがありません。承認欲求が強く自己の評価を気にしすぎる指導者は、チームの成功を一番に考えているとはいえません。**「チームの成功こそが指導者としての成功」**という価値観をもつべきです。

■常に選手全員への配慮が必要

次に、**大きな変革**や**次のステージに進むタイミング**でバトンタッチをする場合です。その場合は、新たな指導者のもと、これまでとは180度異なる価値観によって評価されるので、**全員にチャンスがある状態**で競争をスタートさせることになります。

私が見る限り、2018シーズンのJ1北海道コンサドーレ札幌はこのケースのように感じます。攻撃サッカーが信条のペトロヴィッチ監督を招聘し、クラブ史上最高の4位に大躍進しました。その場合、監督交代自体がチームを活性化させることにつながります。チームは約2年半にわたる四方田修平監督の下で堅守の意識を根付かせることに成功し、2017シーズンは目標だったJ1残留に成功しました。

まさに、**チームは次のステージに向かおう**としたのです。

しかし、前任者で重用されていた選手が新監督のもとで冷遇されるケースには注意が必要です。同じ境遇に置かれた者同士が傷のなめ合いをはじめ、不満分子として見えない勢力をつくり上げていることがあるからです。特に注意が必要なのは、チームの成績が右肩上がりのときです。一般的に、不満分子はチーム状況が良いときは姿を隠します。なぜなら、不満・文句を言っても正当性・妥当性がないからです。

しかし、実際には不満分子は存在している可能性が高いわけです。改革によって活躍している選手ばかりに気を取られ、成績向上に気を良くしていると痛い目に遭うかもしれません。順調だった成績に少し暗雲が漂ってきたとき、隠れていた不満分子が一気に存在感を高めてきます。

だからこそ、指導者は常に選手全員への配慮、特に前任者で重用されていたメンバーには配慮が必要なのです（北海道コンサドーレ札幌の場合、前任者の四方田さんをコーチにする、という異例の人事を決断しましたが、新体制による急激な変化を和らげるプラスの効果を発揮したのかもしれません）。

27 まとめ

中学・高校の運動部などは、教員の異動に伴って顧問の先生が数年で変わることが多いでしょう。前任が良い指導者であった場合、「それを上回らねば」と気負うのは禁物です。現状がうまくいっているのであれば、**最初から自分の色を前面的に押し出す必要はありません。前任者が築いた土台を知ることから始め、課題部分にのみ修正を加える**ことで、メンバーの大きな混乱を避けつつ成果を挙げることができるからです。そのためには、まずはこのチームがどんなチームなのか、どんな選手がいるのか、前任者がどんな土台を築いてくれたのかという**観察からスタートする**ことが肝要でしょう。

劇的な変化を加えるケースでは、何が変わるのかを明確にしなければならないため、まずは**新たな基準・価値観を示すことが大切です**。それにより選手間でフラットな競争が始まり、チームが活性化する一方で、前任者に重用されていたメンバーへの配慮が必要になるということを忘れてはいけません。

おわりに ―感謝と信念―

最後までお読みいただき、本当にありがとうございました。

私に本書の企画を持ってきてくださった東京法令出版の北澤邦章氏との出会いは、実は15年以上前にさかのぼります。当時、私は長野市にある街のサッカークラブでコーチとしての第一歩を踏み出しており、その時の監督が北澤さんだったのです。そのクラブは裾花FCといい、クラブ創設者は元日本代表・東洋工業（現：サンフレッチェ広島）で大活躍された丹羽洋介氏でした。丹羽さんはJリーグ初代チェアマン川淵三郎氏と同世代の日本代表選手で、長野県サッカー協会会長、JリーグAC長野パルセイロの社長なども歴任されたすごい方です。このお二人との出会いが、当時の私に大きな変化を与えてくれました。

先述のとおり、私は15年以上前に選手の力をいかに引き出せるか、「脱 トップダウン」の方法やチームワークの高め方を模索し始め、お二人には遠慮なくあらゆる奇抜な試みを提案していました。普通なら却下されて終わりそうなことも、お二人のご理解と温かいサポートでほとんどの無茶を実現できました。

特に思い出深いのは、中学1年生チームを雪山キャンプに連れて行ったときのことです。雪深い山の中でキャンプをするわけですから、保護者の方も心配です。非日常の不便な中で生活もままならない、絶対解も存在しない、指示を出してくれる人もいない、食事も作らないといけない。となれば言われなくても選手間で協力が生まれてきます。試行錯誤して自分たちの納得のいく解決策を見つけ出し、何とか生活をしていきます。このキャンプでの大きな変化を一過性のモノにしないよう、その後のサッカー場面への接続を強く意識して指導を続けた結果、チームはたくましく成長し、クラブ創設以来初となるタイトル獲得につながりました。

丹羽さん、北澤さんをはじめとしたこのチームに関係する多くの皆さんが本当に素敵な方々で、スタッフのチームワークが私を育ててくれたのでした。無謀とも思える私の提案を支えてくださった方々のおかげで、私のチームビルディングの原型ができあがりました。

15年以上経過し、当時とは提供するモノの形は大きく変わりましたが、根底にある考え方は一切変わっていません。今回、北澤さんから出版のお話をいただくことになるとは夢にも思っていませんでしたが、長い年月をかけて恩返しの機会が巡ってきたのは何より嬉しいことです。

労働時間の適正化、押し寄せる人口減少と超高齢社会、その中で叫ばれている働き方改革、時間も人も減る中、どうやって生産性を維持していくのでしょうか?

〝これからの不確実な社会に求められるのは「チームワーク」〟
〝スポーツには社会課題を解決するヒントがある〟

という思いでこの本を書きました。「ミッションやビジョンに共感した仲間が集い、それぞれ異なった強みを持ち寄って多様性を高め、しなやかで適応力の高いチームをつくりたい」そんな理想を描く多くの方々のヒントになれば幸いです。サッカーの話題が多くなってしまい、他競技の方々にはわかりにくい点も多々あったかもしれませんが、思考の変換装置を使って各競技に応用していただけるものと信じています。

本書の作成に当たっては、岡田武史さん、手倉森誠さん、秋田豊さん、小坂雄樹さん、杉田正明さん、鈴木國弘さんら、多くの方々のご理解とご協力を賜りました。また、株式会社エデュアクティベーターズの門田卓史さんには、仕事仲間として何度となく相談にのっていただきました。

皆様に、この場を借りて厚くお礼申し上げます。

最後に、本書は株式会社ベーシック様が運営するウェブマーケティングメディア「ｆｅｒｒｅｔ」に、私が寄稿した記事をもとに作りました。本書のテーマに合わせて加筆・修正しましたが、株式会社ベーシック様の快諾を得て実現した書籍です。本当にありがとうございました。

２０１９年2月

福富信也

【参考文献】

○中竹竜二『監督に期待するな　早稲田ラグビー「フォロワーシップ」の勝利』（講談社 2008年）
○山口素弘『横浜フリューゲルス消滅の軌跡』（日本文芸社 1999年）
○戸田久美『アンガーマネジメント 怒らない伝え方』（かんき出版 2015年）
○梅田悟司『言葉にできるは武器になる』（日本経済新聞出版 2016年）
○『JFAテクニカルニュースvol・54』（公益財団法人日本サッカー協会／編）
○森保一『プロサッカー監督の仕事』（KANZEN 2014年）
○井村雅代『井村雅代コーチの結果を出す力』（PHP研究所 2016年）
○生島淳『ラグビー日本代表ヘッドコーチ エディー・ジョーンズとの対話 コーチングとは「信じること」』（文藝春秋 2015年）
○有馬平吉『ICU高校生のキリスト教概論名（迷）言集 キリガイ』（新教出版社 2012年）
○福富信也『「勝つ組織」集団スポーツの理論から学ぶビジネスチームビルディング』（KANZEN 2015年）
○小野剛『サッカースカウティングレポート』（KANZEN 2010年）

著者紹介
福富　信也（ふくとみ　しんや）
1980年３月生まれ。信州大学大学院教育学研究科修了（教育学修士）。横浜Ｆ・マリノスコーチを経て、2011年に東京電機大学理工学部に教員として着任（サッカー部監督兼務）。日本サッカー協会公認指導者Ｓ級ライセンスで講師を務め、Ｊリーグのトップチームや年代別日本代表など、幅広い対象へのチームビルディング指導を行う。サッカー界のみならず、企業などへの講演・研修など多数。著書に『サッカーがもっと楽しくなる40のヒント』(東京法令出版)『チームワークの強化書』(KANZEN）などがある。その他、Yahoo! ニュース個人連載やテレビ出演など。2015年５月、組織論を主としたスポーツ指導、講演や執筆などの事業を展開すべく株式会社 Humanergy（ヒューマナジー）を設立。

本書は、株式会社ベーシック運営　ウェブマーケティングメディア「ferret」（https://ferret-plus.com/）に2017年４月～2018年11月に掲載した記事を基に加筆修正し、単行本化したものです。

脱 トップダウン思考

―スポーツから読み解くチームワークの本質―

2019年４月１日　初 版 発 行
2023年７月１日　初版５刷発行

著　　者　　福富　信也
発 行 者　　星沢　卓也
発 行 所　　東京法令出版株式会社

〒112－0002　東京都文京区小石川５丁目17番３号　☎ 03(5803)3304
〒534－0024　大阪市都島区東野田町１丁目17番12号　☎ 06(6355)5226
〒062－0902　札幌市豊平区豊平２条５丁目１番27号　☎ 011(822)8811
〒980－0012　仙台市青葉区錦町１丁目１番10号　☎ 022(216)5871
〒460－0003　名古屋市中区錦１丁目６番34号　☎ 052(218)5552
〒730－0005　広島市中区西白島町11番９号　☎ 082(212)0888
〒810－0011　福岡市中央区高砂２丁目13番22号　☎ 092(533)1588
〒380－8688　長野市南千歳町1005番地
〔営業〕☎ 026(224)5411　FAX 026(224)5419
〔編集〕☎ 026(224)5412　FAX 026(224)5439
https://www.tokyo-horei.co.jp/

ISBN978-4-8090-3189-2